Arte e Comunicação representam dois conceitos inseparáveis. Deste modo, reúnem-se na mesma coleção obras que abordam a Estética em geral, as diferentes artes em particular, os aspetos sociológicos e políticos da Arte, assim como a Comunicação Social e os meios que ela utiliza.

SEMIÓTICA DA PUBLICIDADE

A CRIAÇÃO DO TEXTO PUBLICITÁRIO

Título original:
Semiotica della Pubblicità

© 2003, Gius. Laterza & Figli Spa., Roma-Bari

Edição portuguesa negociada com a Agência Literária Eulama, Roma

Tradução: Maria Luísa Jacquinet

Revisão: Pedro Bernardo

Capa de FBA

© Corbis / VMI

Depósito Legal n.º 405799/16

Biblioteca Nacional de Portugal – Catalogação na Publicação

VOLLI, Ugo, 1948-

Semiótica da publicidade : a criação do texto
publicitário. - (Arte & comunicação ; 84)
ISBN 978-972-44-1681-6

CDU 659

Paginação:
MA

Impressão e acabamento:
PAPELMUNDE
para
EDIÇÕES 70
em
Fevereiro de 2016

1.ª edição: abril de 2004
ISBN da 1.ª edição: 972-44-1204-0

Direitos reservados para Portugal
por Edições 70

EDIÇÕES 70, uma chancela de Edições Almedina, S.A.
Avenida Engenheiro Arantes e Oliveira, 11 – 3º C – 1900-221 Lisboa / Portugal
e-mail: geral@edicoes70.pt

---

www.edicoes70.pt

Esta obra está protegida pela lei. Não pode ser reproduzida,
no todo ou em parte, qualquer que seja o modo utilizado,
incluindo fotocópia e xerocópia, sem prévia autorização do Editor.
Qualquer transgressão à lei dos Direitos de Autor será passível
de procedimento judicial.

UGO VOLLI
SEMIÓTICA DA PUBLICIDADE

A CRIAÇÃO DO TEXTO PUBLICITÁRIO

INTRODUÇÃO

Não será, certamente, a verdadeira arte do nosso tempo, como já houve quem defendesse. Mas, e com toda a certeza, a publicidade é um dos principais motores da economia, ao mesmo tempo que representa um imenso poder capaz de condicionar a existência de todos os meios de comunicação de massa. Além disso, é o mais difundido e o mais capilar dos canais de comunicação, aquele que impõe ao mundo, pela força das ideias e, sobretudo, dos grandes números, para além de produtos e mercadorias, imagens, palavras, pensamentos e gostos. A publicidade é, em suma, um instrumento estético e ideológico de massas, uma espécie de reservatório de onde extraímos a nossa forma de olhar o mundo, de descobrir a beleza, de nos divertirmos, de sonhar.

Vale pois a pena seguir os passos da sua evolução. Porque a publicidade, no mundo em que vivemos, supera a arte e até a moda, não só em difusão e riqueza de meios e canais, como também em velocidade. Com efeito, por mais tumultuosas que tenham sido as modas artísticas, por mais frequentes que sejam os desfiles dos estilistas e as oscilações do gosto que os meios de comunicação vão determinando, a publicidade desde há muito se tornou mais flexível do que estes, mais caprichosa, mais capaz de acompanhar as *nuances* subtis do humor coletivo, sempre que é percorrida por ondas de mudança contínuas e aparentemente imparáveis. Se uma corrente artística dura alguns anos e uma coleção de moda sobrevive apenas a uma estação, a vida de um *spot* publicitário, de uma campanha de afixação de cartazes ou de anúncios de jornal mede-se doravante em semanas, se não em dias. São semanas intensíssimas, estas, em que a mesma mensagem é martelada milhares de vezes no intervalo dos programas de televisão, sobressai em cada parede, ouve-se na rádio e enche as páginas dos jornais. Impossível ignorá-la. Mas é então que a publicidade se gasta, vítima, desde logo, da saturação dos espectadores; e é então que os agentes publicitários devem inventar algo de novo.

Uma maneira de prolongar ligeiramente o ciclo de vida de um *spot* e de valorizar investimentos muitas vezes avultados, consiste em recorrer às chamadas «sagas publicitárias»: o mesmo objeto, as mesmas personagens e situações semelhantes repetem-se ao longo de diferentes episódios. Mas, mais cedo ou mais tarde, até as sagas acabam por cansar. E então a publicidade deve mudar, até porque tem de seguir o gosto do público, intuído pelos «criativos» ou registado pelos estudos sociológicos. Até há poucos anos atrás, a publicidade televisiva de bebidas alcoólicas estava associada a mulheres fatais que arranhavam os companheiros, engoliam anéis, fugiam com desconhecidos e lançavam olhares assassinos em seu redor. Nas revistas femininas houve uma longa fase de anúncios em que figuravam modelos que tudo faziam por parecer toxicodependentes em plena crise de abstinência. Depois, tanto umas como outras se eclipsaram. Registou-se, também, uma vaga de publicidade tropical, que se encontra ainda em vigor. Os automóveis em geral movem-se entre paisagens exóticas e fotos de família, as sapatilhas de ginástica durante um tempo representaram desportistas, e depois adolescentes rebeldes.

Em conclusão, a publicidade muda rapidamente, e este seu devir não é fruto de pura casualidade nem a ele são alheias consequências do ponto de vista dos seus recetores que, na prática, somos todos nós. É difícil poder afirmar que um *spot* ou um anúncio de jornal sirva realmente para vender aquele *whisky* ou aquele *snack* (mas as empresas estão de tal forma convencidas disso que chegam a investir milhões nesta publicidade). O que é certo é que o modelo de família apresentado implicitamente na publicidade de detergentes, que a estética contida no piso reluzente com que se exaltam as qualidades de tal ou tal cera, a beleza frígida de uma modelo que veste determinados *collants*, numa palavra, a dimensão estética e antropológica do discurso publicitário, lograram alcançar uma extraordinária influência que acabou por invadir a nossa vida social. A imagem de beleza que temos interiorizada, o gosto que cultivamos pela paisagem, os corpos que apreciamos, as emoções que procuramos viver, derivam mais da publicidade do que de qualquer outra fonte: mais do que da arte e da religião, sem dúvida, mas também muito mais do que dos *mass media*, do cinema, da televisão e dos jornais. E isto talvez porque estes, para sobreviver, são obrigados a exagerar, a propor modelos excessivos, a sair do lúcido realismo dos sonhos que caracteriza a publicidade, toda ela, mesmo a de pendor mais onírico e fantasioso. Por outro lado, não raro nos deparamos com a vulgaridade. É frequente vermos nas paredes dos prédios ou na televisão imagens que, mais do que audazes ou sensuais, são simplesmente vulgares, exclusivamente interessadas na produção de um efeito de choque: que outro sentido pode ter, para se venderem cuecas ou até frigoríficos, mostrar uma rapariga sentada indecentemente de perna aberta? Ou gritar slogans do género «os homens são prostitutos»?

Por certo, a maior parte da publicidade é esteticamente conservadora, até mesmo banal, sobretudo a italiana, se a compararmos com a capacidade inventiva francesa, com a tecnologia americana ou com a mítica ironia dos anúncios ingleses. Publicitários e anunciantes atribuem-se mutuamente as responsabilidades: são os clientes que são pouco corajosos, ou as agências pouco criativas? Não interessa, até porque as exceções existem, e um certo gosto publicitário tipicamente italiano, filiado na comédia (como aliás o grande cinema italiano) está doravante reconhecido.

Compreender o mecanismo da publicidade, desmontar o seu motor para ver como funciona, é pois importante, antes de mais, para quem trabalha no setor ou pretende vir a fazê-lo: os publicitários costumam ser detentores de uma extraordinária competência prática no que respeita ao funcionamento da comunicação, mas têm relutância em analisar o seu trabalho de forma científica, em olhar friamente para o seu instinto e «criatividade» (palavra que aliás pouco diz, para lá da tautologia que lhe subjaz; por isso, a máquina publicitária deve procurar renovar-se continuamente, de modo a que, quem aí trabalha, seja tanto mais eficiente quanto mais capaz de inventar mensagens novas). As «teorias» do *marketing* publicitário, quantas vezes definidas por siglas insólitas ou por esotéricas figuras geométricas, constituem, na melhor das hipóteses, descrições do funcionamento da máquina publicitária ou «boas receitas» para a produção de textos de um certo tipo; na pior, são fórmulas mágicas que servem para atirar aos olhos dos clientes uns reconfortantes pozinhos de cientificidade à análise de uma produção sem dúvida bastante sujeita à volúvel omnipresença dos destinos humanos. As conclusões da sociologia acerca dos efeitos da publicidade são incertas e controversas, porque, no geral, a apreciação registada com base nas opiniões do público nem sempre coincide com os efeitos da publicidade sobre o nível de vendas – que é, naturalmente, o principal interesse de quem investe nela.

A semiótica não pode analisar as consequências da publicidade, não avalia as reações do seu público alvo (salvo quando as estuda considerando-as como um *outro texto* derivado do texto publicitário, segundo uma complexa ligação semântica); nem pretende adquirir um conhecimento da mente do consumidor, como o fazem – tantas vezes discordantes entre si – as diferentes escolas de psicologia do consumo. A sua vocação é, isso sim, a de uma análise em profundidade do *texto* publicitário, nos seus diferentes aspetos, níveis e articulações. Uma experiência secular de análise de textos de todos os tipos (da literatura às artes visuais, dos sistemas de comunicação social – como a etiqueta e os sinais militares – às novas tecnologias) permitiu à semiótica acumular instrumentos e modelos de análise que se aplicam perfeitamente aos textos publicitários. O principal valor da análise semiótica é a atitude metodológica que rejeita um olhar superficial dos textos (a sua «manifestação»), mas visa a sua constituição «profunda», isto é, as formas de organização do sentido que constituem a sintaxe e a semântica do texto publicitário. Seria totalmente ilusório definir uma língua unicamente com base nos sons utilizados e nas reações da audiência perante as diferentes mensagens: a hipótese de que a produção linguística esteja vinculada a

INTRODUÇÃO

formas e regras não coincidentes com a manifestação (ou seja, que exista um *sistema* fonético, que as frases estejam organizadas por uma *sintaxe*, que o sentido se produza com base num *léxico* organizado de certa forma e também em relação a saberes disponíveis aos emissores, que a eles se referem *implicitamente*) é essencial para uma descrição adequada do funcionamento linguístico – incluindo a apreciação eventual do valor de cada um dos textos linguísticos. O mesmo acontece com outros sistemas textuais, entre os quais a publicidade. A semiótica ensina a ver, «sob» a superfície colorida e luzidia da comunicação publicitária, as estruturas de sentido, as formas sintáticas e os modelos semânticos que nela participam de forma mais ou menos inovadora ou mais ou menos eficaz e coerente. E possibilita a compreensão de que a publicidade, para obter os efeitos de persuasão a que se propõe, se apoia em sistemas de sentido já existentes, afirma modelos sociais precisos, tem, numa palavra, um forte cunho *ideológico*. É esta a razão pela qual a análise semiótica da publicidade se dirige não apenas aos profissionais do setor ou àqueles que aspiram sê-lo. Compreender em profundidade o texto publicitário significa obter um instrumento essencial para a avaliação do impacto político e ideológico desta imensa massa comunicativa que perpassa o corpo social (e cujos efeitos, no decurso das últimas décadas, estiveram claramente na base dos grandes acontecimentos históricos como a queda do verdadeiro socialismo ou o favorecimento de fenómenos migratórios em direção a países ricos ou publicitariamente representados como tais). Significa ainda poder obter, na representação mais difundida e programaticamente mais neutra, as grandes mutações da vida social: fenómenos de enormes dimensões como a alteração do papel da mulher na sociedade ou a transformação da condição juvenil ou as alterações laborais obtêm-se analisando no tempo o fluxo dos textos publicitários, com uma exatidão que dificilmente se reconstitui de outra forma. Significa, no geral, munirmo-nos dos instrumentos passíveis de assegurar a compreensão do impacto *ecológico* da publicidade sobre aquele sistema geral da comunicação que podemos denominar semiosfera, e, simultaneamente, usá-la como indicador dos movimentos profundos que a abalam e a modificam.

Este pequeno manual não visa pôr em evidência tais *conteúdos* do discurso publicitário. A sua ambição centra-se no plano metodológico: transmitir de forma compreensível, autossuficiente, o mais simples possível, a metodologia de análise semiótica que pode aplicar-se à publicidade. Não se trata de propor *uma* teoria semiótica da publicidade, mas de oferecer uma «caixa de ferramentas» semióticas que possam revelar-se úteis para a análise. No âmbito da Semiótica, há várias escolas e tradições de pensamento e, com certeza, a riqueza dos textos, não só artísticos, como publicitários, é tal que nenhuma semiótica poderia ter a pretensão de esgotar a análise de um texto. Como vemos, as abordagens são múltiplas. Aqui tentaremos fazer um inventário dessas abordagens, justificá-las e ilustrar a teoria em que assentam (nos limites do possível; para maior aprofundamento de cada uma delas, remeto para a respetiva bibliografia, no final do livro). Optámos por privilegiar a ilustração teórica dos instrumentos de análise em detrimento da apresentação de análises concretas. De facto a bibliografia publicitária está repleta de estudos de caso e quase todos os livros sobre a publicidade referem testes e campanhas. Embora não pretendendo negar o interesse desta abordagem, considero muito útil oferecer ao estudante, ao profissional e ao cidadão interessado um instrumento metodológico que se esforce por ser orgânico e não casual.

Capítulo I

PUBLICIDADE E COMUNICAÇÃO

No mundo contemporâneo podemos afirmar que a publicidade goza de ubiquidade, está presente nos mais diversos suportes de comunicação e em qualquer ocasião da vida pública. Contudo, ela representa apenas uma parte da atividade comunicativa que empresas, entidades várias e pessoas produzem para se apresentarem no ambiente que lhes é próprio: ambiente económico, antes de mais (falamos então de *mercado*), mas também social, político etc. Todas estas atividades de comunicação representam, entre outras coisas, os bens e serviços produzidos, as manifestações concretas da entidade ou da empresa, como as suas sedes, os pontos de venda, os meios de transporte e até o modo de vestir e de atender o telefone (que, no seu todo, determinam a chamada imagem coordenada), e ainda os preços dos produtos, os locais onde são expostos, as «relações públicas», a produção de eventos, as relações sociais, os patrocínios, os descontos e as ofertas especiais, as manifestações, os sítios na internet – em suma, todo o tipo de presença pública e de atividade pela qual determinado sujeito social é visível aos olhos dos outros e, assim, numa conhecida expressão de Goffman, «transpira expressividade». A publicidade é a parte destas atividades de comunicação (que as empresas definem normalmente sob o nome geral de *marketing*) que comporta a utilização predominante e programada de *textos*.

Outras formas de atividade empresarial, genericamente incluídas no âmbito do *marketing*, podem, por sua vez, lançar mão de textos (convites para eventos, folhetos com descrição de artigos e preços, preçários, informações indicativas das atividades empresariais, desde logótipos a manuais de utilização etc.), mas a sua dimensão textual é secundária e subordinada a outras funções, enquanto a publicidade age *sempre* através de textos, obtém os seus resultados por intermédio da influência realizada com a produção e distribuição de textos especialmente concebidos para esse fim. Por «texto» entendemos, naturalmente, não só excertos de linguagem oral ou escrita, mas também imagens, tais como desenhos e fotografias, filmes publicitários e outros materiais audiovisuais, músicas, animações, objetos eletrónicos e hipertextuais. Enfim, no contexto que nos ocupa, textos são todos os tipos de mensagens e de signos constituídos ao nível dos diferentes meios de comunicação, na sua dimensão objetiva, reproduzível, bem delimitada. Um texto tem um início e um fim, determinados casualmente ou por arbítrio do leitor, mas geralmente definidos pelo autor. Funciona por intermédio de determinada linguagem, isto é, requer uma certa competência, talvez inconsciente, para poder ser apreendido. O modo pelo qual está estruturado, a sua dimensão expressiva, permite veicular determinados conteúdos: ou seja, é entendido como um ato de comunicação. O texto, aliás, como a textura da qual deriva, é uma realidade compósita, feita de elementos nem sempre homogéneos: palavras e imagens, por exemplo, mas também diferentes níveis de discurso, informações e comentários, diálogos e legendas, citações e ironias, sujeitos virtuais e pretensões de objetividade. O texto, inclusive o publicitário, é, por isso, um permanente «campo de tensões», mas também uma «máquina preguiçosa» (Eco, 1979) que fornece ao leitor uma parte apenas das informações que pretende utilizar, confiando-se a este e à sua competência para completar a tarefa que se propõe realizar.

Esta ideia de texto subentende uma grande complexidade, quer pela heterogeneidade qualitativa dos objetos em questão, quer porque, como iremos ver, para dar conta do funcionamento destes textos, ou seja, da sua capacidade de produzir efeitos de sentido, é necessário supor, para lá da sua superfície manifesta, a existência de uma complexa «estrutura profunda» que os determina e lhes dá vida. Assim como é possível – bastante usual, aliás – fazer uso da lingua-

PUBLICIDADE E COMUNICAÇÃO

gem sem um conhecimento explícito da sua estrutura sintática, assim também, na maior parte dos casos, a estrutura profunda de um texto não é conscientemente considerada por quem o lê, embora aja sobre ele determinando – na medida do seu bom funcionamento – as reações que o texto lhe suscita. Porém, ao analisar um texto, ao procurar compreender a sua ação e determinar o seu valor, é necessário tornar explícita a sua estrutura, isto é, descodificá-lo.

E é precisamente este aspeto eminentemente textual da atividade publicitária que autoriza, ou melhor, impõe, o recurso à semiótica para a análise da estrutura dos seus textos. Na verdade, a semiótica, tradicionalmente definida como ciência dos signos, tem vindo a alargar e complicar o seu objeto no decurso das últimas décadas, para progressivamente se qualificar como a disciplina que trabalha para dar sentido aos textos, à sua constituição interna, ao seu funcionamento, ao seu sentido. É certo que a publicidade pode ser estudada segundo outros pontos de vista, como, por exemplo, o da sua eficácia, com base em diferentes possíveis teorias psicológicas sobre a estrutura da personalidade, ou perspetivada segundo teorias sociológicas incidentes sobre o agir coletivo e os estilos de vida, ou ainda centrada nas conclusões empíricas que estudam o impacto dos anúncios em termos de agrado, memorização, etc. A semiótica diferencia-se destas análises na medida em que mantém focada a atenção na dimensão textual da atividade publicitária e em que aplica os conhecimentos e teorias específicos sobre o funcionamento dos textos em geral.

O facto de a publicidade recorrer a textos significa, antes de mais, que nesta atividade de comunicação predomina a *mediação*: enquanto um vendedor de feira ou de um bazar intenta, acima de tudo, construir uma relação pessoal com o seu potencial cliente tentando, para tal, fasciná-lo pessoal e diretamente, exercendo quase uma ação física sobre ele; enquanto o melhor preço ou a forma atraente de um produto agem também diretamente no momento da compra; enquanto as relações públicas e os eventos convocam pessoalmente o destinatário da comunicação e o seduzem por intermédio de ações diretas e concretas, a publicidade realiza-se num tempo e num espaço *terceiros*, não pertencendo nem ao produto, nem ao consumidor, nem à produção, nem à compra. A publicidade é *algo de diferente* em relação ao seu objeto, age indiretamente graças ao seu sentido e não por intermédio de uma relação pessoal e direta. Cria um espaço e um tempo artificiais, narrativos, nos quais pode propor-se como uma imagem fiel da realidade, fornecendo «informações sobre o produto», assim como pode contar histórias e contos fantásticos, ou simplesmente criar «impressões» sensoriais ou psicológicas sobre o seu valor.

Daí que a atividade publicitária, para se realizar plenamente, tenha necessidade de uma produção industrial de massa suficientemente desenvolvida que, pela sua dimensão, possa conferir um sentido económico a uma atividade tão indireta e afastada das trocas propriamente ditas; a publicidade necessita, acima de tudo, de um sistema de comunicação de massas suficientemente maduro para lhe garantir o acesso a um número suficientemente grande de potenciais consumidores. Este espaço público do sistema das comunicações de massa é, pois, a condição prévia de natureza comunicativa indispensável ao nascimento e evolução da publicidade. A atividade publicitária deve estar inscrita num suporte diferente, tanto física como culturalmente, do mundo dos produtos, que, de uma maneira ou de outra, sempre existiu. Precisa de um lugar onde possa comunicar de forma rápida e tendencialmente descomprometida, mudando frequentemente as suas afirmações e tornando-as convincentes apesar da distinção rigorosa entre factos e opiniões, verdade e mentira, informação e exagero. O sistema das comunicações de massa, tal como progressivamente se foi construindo no decurso dos dois últimos séculos, é o espaço em que a publicidade se desenvolveu: um ambiente dinâmico, com um acelerado ritmo de produção e consumo (muito antes da televisão, já os jornais tinham acelerado grandemente a produção e distribuição de textos), em que convivem diferentes níveis de realidade e de fiabilidade, diferentes pretensões informativas e narrativas.

Este aspeto comum aos textos publicitários deve ser considerado de forma preliminar. Os textos publicitários estão presentes nos mais variados suportes e meios de comunicação. Vemo-los na televisão e no cinema, em todo o tipo de jornais e revistas e nos espaços urbanos, na rádio e nos centros de atividades desportivas, na internet e até em faixas puxadas por avionetas – numa palavra, onde seja possível prever a existência de uma população de leitores passível de captar a lógica da comunicação de massa. Não raro vamos encontrar a *mesma* publicidade nestes diferentes tipos de suportes – não apenas a publicidade do mesmo produto, serviço ou ideia, como a mesma estrutura fundamental da comunicação, entendida num sentido que em seguida iremos definir melhor. Como vemos, uma publicidade não se define pela forma concreta que assume, por se concretizar, suponhamos, num *spot* realizado de determinada forma em vez de uma imagem fixa de tal ou tal objeto. As transposições, da televisão às afixações de cartazes e aos jornais, por exemplo, são extremamente comuns na prática publicitária. A publicidade é, então, um tipo de discurso *transversal* em relação aos meios de comunicação em que se apoia, e com os quais entabula uma relação complexa.

Toda a publicidade é constituída por mensagens que, de formas várias, exercem uma atividade persuasiva. Estas mensagens variam segundo as escolhas do emissor, o estilo da publicação, o objeto sobre o qual a campanha incide. No entanto, grande parte das características da mensagem depende do meio utilizado: um anúncio radiofónico, um breve texto sonoro, são necessariamente muito diferentes da página publicitária de um semanário, onde predomina o aspeto visual. Do ponto de vista da relação entre *mensagem* e *destinatário*, os textos publicitários, a um nível geral, podem ser:

- mais ou menos *dirigidos a um público-alvo preciso* (muito raro no *outdoor*, um pouco mais frequente na televisão, na medida em que o público pode escolher o espaço televisivo que preferir; mais ainda na imprensa), com resultados mais ou menos generalistas;
- mais ou menos *intrusivos* no espaço privado do consumidor (muito corrente na publicidade da internet e nas sessões publicitárias no intervalo dos filmes na televisão; igualmente intrusiva é a publicidade cinematográfica, visto ser impossível evitá-la; no *outdoor* isso não acontece dado o seu caráter *público*);

18   SEMIÓTICA DA PUBLICIDADE

- mais ou menos presentes no *ato da venda e consumo* (em elevado grau na publicidade presente nos pontos de venda ou ainda na embalagem);
- mais ou menos *locais* (o *outdoor* é o mais específico, tal como a rádio e os jornais locais, apesar de nem sempre aproveitar convenientemente esta valência);
- mais ou menos *evitáveis* pelo destinatário (no *outdoor* dificilmente ocorre, assim como nos *spots* de rádio e televisão, normalmente pouco evitáveis);
- mais ou menos *interativos* (a internet é o meio mais favorável, seguido da publicidade postal);
- de leitura mais ou menos *veloz* (o tempo dos *spots* cinematográficos é fixo; a publicidade dos jornais é vista muito rapidamente).

Do ponto de vista da *organização interna*, os textos publicitários podem ser:

- mais ou menos *iconográficos* (a imprensa, em elevado grau, e mais ainda, o *outdoor*);
- mais ou menos *verbais* (muito comum na publicidade dos jornais);
- mais ou menos *narrativos* ou *ficcionais* (a televisão, neste aspeto, é o meio mais rico);
- mais ou menos *lúdicos* (o *outdoor* costuma sê-lo);
- mais ou menos *práticos*, isto é, capazes de evidenciar as mais-valias do produto (no geral, a imprensa é o meio de eleição);
- mais ou menos *utópicos*, isto é, capazes de sugerir um estilo de vida (todos os meios revelam equitativamente esta potencialidade).

Todas estas características dependem, naturalmente, das *condições de leitura* do texto.

Um *spot* televisivo é normalmente visto num contexto familiar, por espectadores que fazem (ou podem fazer) outras coisas: comer, conversar, arrumar, etc.; não surge isoladamente mas no quadro de

PUBLICIDADE E COMUNICAÇÃO 19

outras transmissões, num bloco de *spots* transmitidos em conjunto; não aparece uma só vez, sendo a repetição de um texto já conhecido; deste modo, é olhado (mais do que visto) distraidamente, e sob a ameaça permanente do telecomando.

O anúncio afixado é quase sempre visto muito rapidamente, por pessoas em movimento e num contexto tão complexo como é o contexto urbano. O destinatário não tem tempo para decifrar textos longos ou escritos de forma pouco convencional, nem para raciocínios demasiado elaborados ou detalhes de natureza técnica. Apenas vê uma imagem, que o deve impressionar, e um texto extremamente sucinto: a *headline* e a marca, pouco mais.

O anúncio impresso é consideravelmente mais curto, não consegue impor-se à atenção de forma estável dado estar colocado numa página destinada a ser folheada; goza, no entanto, do privilégio do papel impresso, o mesmo é dizer, da estabilidade, e daí, caso o assunto seja interessante, oferece a possibilidade de uma *nova leitura*, de um aprofundamento, portanto.

A publicidade radiofónica age sobre o canal auditivo e, não tendo possibilidade de apresentar imagens, sofre ainda as consequências da utilização *secundária* do próprio suporte, normalmente um mero *tapete sonoro* na decoração de outras atividades. A sua sintaxe é, pois, necessariamente simples e repetitiva, eventualmente enriquecida com efeitos musicais ou de diálogo.

Consideremos agora um pouco mais detalhadamente o caso do *outdoor*, publicidade *simples*, que não se apoia em qualquer outro meio que não a cidade, e que é recebida nas difíceis condições de perceção que há pouco vimos. Um tão forte condicionamento técnico-comunicativo produz importantes resultados. O *outdoor* deve possuir uma *lógica autónoma*, que tenha em consideração as limitações da leitura: não pode simplesmente repetir o anúncio impresso. Ainda que faça parte de uma campanha realizada para vários meios, deve ser projetado à parte. Para ter êxito deve *chamar a atenção, ficar impresso, suscitar benevolência* por parte do destinatário, que é o cidadão no sentido mais lato do termo. Assim, não deve ser excessivamente provocatório, para não chocar ninguém, mas *divertido e*

20 SEMIÓTICA DA PUBLICIDADE

curioso, para merecer um segundo olhar. E posto que se mantém vários dias no mesmo suporte, alvo do olhar das mesmas pessoas, deve evitar cansá-las. Não deve, por isso, ser demasiado violento ou demasiado vulgar, ou simplesmente feio. Em conclusão: o *outdoor* insere-se numa *ecologia dos signos do território*. Vive lado a lado com edifícios bonitos (embora, no geral, vulgares e degradados), tabuletas de lojas, carros, sinalização de trânsito, pessoas em movimento. O anúncio, em si mesmo, pode até tirar uma efémera vantagem ao perturbar este equilíbrio, mas o sistema dos *outdoors* deve saber estar em harmonia com esta ecologia.

Atentemos agora na relação entre publicidade e internet. Antes de mais, há dois pontos centrais a esclarecer: o primeiro diz respeito às diferentes comunicações em rede, ou, por outras palavras, ao regime da concorrência comunicativa da rede, enquanto o segundo concerne a organização da mensagem. Ambos os aspetos estão relacionados com uma grande questão que, nos nossos dias, se coloca geralmente à comunicação empresarial externa, e que é o fim de uma cultura de comunicação que durante muito tempo tendeu a considerar o destinatário da mensagem como um mero recetor passivo, identificado com a figura económica do consumidor final.

Hoje em dia, tornou-se evidente que o destinatário da comunicação está longe de ser um sujeito passivo, quer na internet, na televisão, na imprensa ou na vida social em geral. São inúmeros os dispositivos que favorecem o controlo do destinatário sobre a comunicação recebida: o telecomando, em primeiro lugar; o serviço de *voice mail*, usado por todos nós como um género de «secretária-filtro»; o vídeo, que separa a visão televisiva da passividade implícita ao tempo real da transmissão. Mas também alguns aparelhos atualmente em difusão que permitem, a quem recebe um fax ou um telefonema, e antes de aceitar a comunicação, conhecer a identidade da pessoa que tenta entrar em contacto. O correio eletrónico, que alia a velocidade do telefone à possibilidade de controlo e de abertura características da correspondência. Os instrumentos de *software*, em vias de expansão e aperfeiçoamento, conhecidos também por «agentes» por poderem executar atividades informativas complexas por

PUBLICIDADE E COMUNICAÇÃO 21

parte de quem os põe em prática, com o objetivo, uma vez mais, de selecionar a informação. Os chamados «motores de busca», na mesma linha dos anteriores, embora numa dimensão menos personalizada, que se tornaram provavelmente os meios de fruição mais difundidos das páginas web da internet. Os novos mecanismos da distribuição televisiva *on demand*, que se vão estendendo à informação propriamente dita, que tende a ser fornecida por bancos de dados e agências várias, não em blocos previamente constituídos, como os velhos jornais, mas a pedido do utente, e mediante pagamento por tempo de consumo, ou seja, segundo a exata quantidade de informação consumida. Os *chips* [microprocessadores] inteligentes, por vezes inseridos nos computadores e nas televisões para assegurar que o nível de segurança das imagens transmitidas (no plano do sexo e da violência, por exemplo) não exceda os critérios estabelecidos pelo utente, nomeadamente em contexto familiar.

Todas estas novidades, e outras que poderíamos citar, são a marca de um cenário fortemente inovador. O utente da informação, ou seja, o seu destinatário, terá cada vez mais possibilidade de selecionar a informação que recebe e de rejeitar a que não lhe agrada. Por outro lado, poderá organizar a que lhe interessa, segundo os formatos e os horários que mais lhe convêm. Pagará apenas pela informação que efetivamente consumir, e não pelos meios (papel ou televisão) que a veiculam. A sua escolha será feita num regime de concorrência extremamente alargada, com patamares de acesso bastante mais baixos do que os atuais. Resumindo, a comunicação está a tornar-se uma mercadoria semelhante a qualquer outra, com uma pluralidade de canais e de pontos de venda que conferem à procura um poder determinante. Da mesma forma que é impensável que alguém se veja obrigado a comprar uma série de alimentos para com eles obter o chocolate, produto final que deseja, também no futuro pouco sentido fará ter que gramar as páginas desportivas quando só as de política interessam e vice-versa.

Estas considerações colidem frontalmente com o papel que a comunicação publicitária assume nos nossos dias. Só a título de exemplo, a Universidade de Pavia realizou recentemente um inquérito bastante aprofundado sobre o consumo de televisão pelos adolescentes daquela província. Os resultados apontaram para um elevado consumo (uma média de 115 minutos) e para um notável grau de interesse. Quanto à publicidade, apenas 3% respondeu vê-la de bom grado, enquanto 72% confessou mudar de canal assim que surgia, tendo os restantes inquiridos declarado esperar passivamente pelo seu fim. É um resultado crítico em si mesmo, que em muito piora se visto à luz da perspetiva que acima delineei. A quota de utentes potenciais de uma comunicação empresarial num regime de liberdade de escolha por parte do consumidor corre o risco de se aproximar do zero. Se extrapolarmos estes dados, poderemos afirmar que a publicidade, tal como até agora a vimos conhecendo, se encontra em franco declínio. O que a virá substituir? Bem, é difícil prevê--lo com precisão. Também neste aspeto a internet se assume relevante. Assistimos ao emergir do conceito de *informação contratada*, em que o destinatário escolhe aceitar determinada informação em troca de certas vantagens, sem prejuízo do eventual interesse pela informação em si. Na internet figuram páginas patrocinadas, quase sempre de forma discreta, e em relação às quais se podem obter informações adicionais através de um clique sobre o logotipo. Mas há também páginas comerciais que são visitadas pelo seu próprio interesse, pela sua espetacularidade, pelas informações que fornecem. Uma vez que estas escolhas comunicativas não têm nunca um caráter de unicidade, mas, pelo contrário, de repetição, o anunciante (ou o fornecedor de informação, consoante os gostos), não deve «fazer-se de esperto» ou julgar que consegue fazer passar sub-repticiamente a sua própria mensagem.

Na internet, está muito difundida a oferta gratuita de informação e comunicação, em parte sob a forma de troca entre os utentes (dado que cada destinatário é um possível emissor de comunicação), em parte sob a forma de oferta gratuita e promocional de informações e serviços. É costume, por exemplo, as empresas produtoras de *software*, mesmo as mais importantes, oferecerem ao público em geral uma versão promocional do seu produto, com a esperança não infundada de que uma categoria de utentes, tendencialmente profissionais, compre as versões avançadas, e de que outros produtos de natureza mais técnica mas sempre complementares ao produto oferecido, venham a ser adquiridos pelos especialistas. Por outro lado, o uso impróprio da publicidade, nos fóruns de discussão ou nos *newsgroups*, por exemplo, suscita geralmente reações assaz violentas do público em relação aos responsáveis por uma violação da «netiqueta» (isto é, net + etiqueta, as boas maneiras na rede). A comunicação deve ser, pois, declarada, explícita e cooperativa em relação ao destinatário. Mas também atrativa, sedutora, interessante. Porque de informação pura pode até morrer-se, ou melhor, pode ficar-se mortalmente aborrecido. Daí a necessidade da espectacularização.

Imediatamente constatamos que é a publicidade intrusiva, um pouco arrogante, que conhecemos sobretudo através da televisão, aquela que se encontra em declínio. Mas a figura do comunicador, do criativo, enfim, do publicitário, essa não morre. Bem pelo contrário: para tirar partido, em concreto, das novas tecnologias, é necessária uma grande capacidade de invenção, de formas de comunicação inovadoras e da abolição dos discursos desusados. Facto é que as novas tecnologias melhoram quase de dia para dia a possibilidade de comunicar e, sobretudo, o aspeto exterior da comunicação, a sua potencial espetacularidade.

Também por esta razão, é pouco eficaz para uma empresa procurar conservar uma simples presença «de fachada» na internet, a menos que não tenha qualquer interesse em experimentar os novos instrumentos e estratégias de comunicação. O que é realmente difícil é usar o meio de forma útil e interessante, encontrar uma visibilidade no meio de um mercado da comunicação particularmente apinhado, tumultuoso, concorrencial, em rápida transformação.

Retomemos agora a nossa análise geral sobre a relação existente entre publicidade e meios. Por um lado, todo o texto publicitário que utiliza um suporte, tem obrigatoriamente que lhe respeitar a gramática: qualquer *spot* televisivo segue a sintaxe dos movimentos da câmara, dos enquadramentos e das montagens, que a história do cinema foi codificando; qualquer anúncio impresso não apenas se enquadra nos módulos predispostos pela publicação como se organiza segundo esquemas gráficos idênticos à paginação dos textos (adaptando-se, por exemplo, a uma leitura da esquerda para a direita, de alto para baixo, ou adotando os modelos tipográficos definidos, como o itálico, o redondo, o negrito, ou ainda os diferentes estilos contidos nos vários tipos de letra disponíveis, segundo usos que a prática tipográfica foi consolidando). Por outro lado, o caráter transversal, que sugere a introdução num meio de módulos pertencentes a outro, e a forte concorrência entre as mensagens, que impõe uma busca contínua da novidade, fazem com que os textos publicitários tendam a quebrar os esquemas e a forçar as regras, a cometer *erros de gramática voluntários* que, não raro, acabam por converter-se em novas regras ou costumes inerentes à produção publicitária.

Note-se ainda que os textos publicitários são sempre *hóspedes* de diferentes suportes. Esta condição de *anexo*, própria de textos dependentes ou funcionalmente secundários em relação a outros, é outra das principais características da comunicação publicitária. Apesar de muitos meios de comunicação serem, por motivos de sobrevivência económica, notoriamente dependentes das receitas provindas da publicidade (nascendo frequentemente com esse mesmo objetivo), a publicidade quase nunca é um género de comunicação *simples* ou autónomo. Ela tem sempre necessidade de se apoiar a qualquer outro texto, seja uma transmissão televisiva, seja um jornal, uma revista conceituada ou àquele texto paradoxal que é o tecido urbano e, no geral, o ambiente em que vivemos.

É importante sublinhar este caráter *parasitário* da publicidade. Embora já alguém tenha sugerido, no contexto das polémicas sobre a presença excessiva da publicidade nos programas de televisão, o interesse de assistir a transmissões publicitárias puras, sem a interrupção de filmes (de facto, nalguns casos, chegaram mesmo a organizar-se «noites de publívoros» e «maratonas» de filmes publicitários), é preciso ter em conta que o normal funcionamento do discurso publicitário, quase sem exceção o vota ao estatuto de anexo ou o condena pela interrupção de outros textos. Dispositivos gráficos e audiovisuais, tais como siglas, molduras, separadores, servem para separar a publicidade dos textos que a contêm (e de outros tipos de publicidade já inseridas no mesmo âmbito temático). Normalmente, o limite deste anexo coincide com o *formato* do texto publicitário, dispensando-o da necessidade de prover autonomamente à sua estrutura textual: por exemplo, a dimensão da página define a parte mais relevante dos anúncios impressos, e a sigla que as redes televisivas atribuem às transmissões publicitárias define o limite de «30 segundos» (ou 15 ou 5...) do *spot* publicitário.

Este caráter *secundário* da publicidade compreende-se mais facilmente se atendermos a que os conteúdos dos meios de comunicação são concebidos, projetados e selecionados como testes *para* os seus leitores, são organizados para satisfazer necessidades informativas, estéticas, de entretenimento, da forma mais completa e autónoma possível. Satisfazer, neste caso, significa também concluir, levar a termo: um romance ou um filme, um quadro ou a segunda parte de um evento desportivo, um excerto musical, até um tratado científico, todos eles produzem no destinatário tensão e expectativa (*suspense*, entusiasmo, curiosidade), induzindo-o a prosseguir a fruição até a concluir; sugerem-lhe, no máximo, para repetir a experiência ou para a continuar «nos capítulos seguintes»; mas não existem *para um fim terceiro*, não têm o objetivo de produzir um desejo extratextual, que se resolva apenas com o ato da compra. A publicidade, por seu lado, deve ser por definição *um texto com uma cauda extratextual*, um texto com um buraco, que claudica se for apreciado apenas por si mesmo e pelo divertimento que eventualmente possa oferecer.

Há, seguramente, outros géneros textuais que partilham desta característica *finalidade exterior*, como os sermões religiosos ou os discursos judiciários ou políticos; mas trata-se de textos de ocasião, que se justificam pela urgência do seu assunto e que dificilmente são fruídos para além da data em que são emitidos. De uma maneira geral, os textos mediáticos têm como finalidade a satisfação do leitor, o que os faz objetos de consumo autónomo, ao passo que os textos publicitários se colocam numa posição parasitária, no intuito de conduzir o destinatário *para fora do texto*, para ações situadas no mundo real, ou, pelo menos, para uma diferente avaliação de uma marca, de uma empresa, de uma entidade ou de um comportamento.

Iremos ver, em seguida, de que forma este caráter funcional, não desinteressado e autorreferencial do texto publicitário, constitui uma das características fundamentais do seu funcionamento e lhe deter-

26   SEMIÓTICA DA PUBLICIDADE

mina a natureza *estratégica*. Neste momento, iremos considerá-lo simplesmente como meio de compreender a razão desta parasitagem: a ação publicitária *pede* sempre qualquer coisa ao leitor, apresenta por ele o *custo* de uma ação, de uma mudança de atitude cognitiva ou sentimental em relação à entidade ou comportamento publicitado, ou pelo menos, o custo de uma resistência, de uma recusa a tal apelo. A consequência é que uma diferente funcionalidade comunicativa e económica comporta uma também diferente valoração. Enquanto que a maior parte dos textos mediáticos, por menos elaborados e interessantes, são tidos pelo leitor como *objetos de valor* (e, de facto, a sua utilização vem a ser, de uma forma ou de outra, paga pelo usufrutuário), a publicidade, até mesmo a mais bela e agradável, representa sempre para o leitor uma espécie de incómodo, que precisa ser compensado ou imposto. É costume dizer-se que a televisão comercial (e, por arrastamento, uma boa parte dos outros meios de comunicação de massa, como a rádio, os jornais gratuitos e, em parte, também os não gratuitos, muitos sítios da internet) não procura vender conteúdos ao seu público, mas «alugar» leitores aos agentes publicitários.

Menos vulgarizadas mas igualmente reais são as não pouco frequentes propostas dos anunciantes aos leitores, em que pela venda de determinado fragmento da atenção, oferecem «gratuitamente» conteúdos televisivos, radiofónicos, jornalísticos etc. Este mesmo comércio ocorre também com outros fenómenos interrompidos ou fruídos pelo discurso publicitário, como competições desportivas, eventos patrocinados, espaços urbanos preservados por um patrocinador: tais eventos e objetos, sem a intervenção publicitária, ou não existiriam ou seriam consideravelmente mais pobres, menos bem realizados e menos espetaculares, como, com maior ou menor discrição, os próprios responsáveis o afirmam. Também esta é uma forma de compra da atenção, recentemente estendida a título experimental aos telefonemas gratuitos em troca de publicidade (aqui, mais do que um meio, temos um canal) e a outros espaços mediáticos até agora indemnes à invasão publicitária, como os livros e os instrumentos de comunicação escolar ou de escritório. Até há algum tempo, considerava-se que todo o funcionamento de um meio complexo como a *world wide web* poderia ser suportado pelo contributo económico da publicidade. Com o tempo, essa ideia veio a revelar-se ilusória, embora ainda existam numerosos sítios e instrumentos suportados pela publicidade ou que, significativamente, oferecem ao navegador a escolha entre uma versão gratuita parcialmente ocupada por publicidade, e uma versão paga em que a publicidade está ausente. Pela mesma lógica, de resto, a televisão paga apresenta, no geral, se não uma ausência absoluta de publicidade, pelo menos uma forte limitação a esse nível, o que permite, por exemplo, a falta de interrupções durante os filmes e eventos desportivos.

Este comércio da atenção dirigido ao leitor dos *media* (isto é, do cidadão, reduzido desta forma ao estatuto de «consumidor») deveria ser alvo de uma aturada análise económica. Neste contexto, é antes de mais importante sublinhar o facto de a fruição publicitária, ao contrário de todos os demais géneros mediáticos, ser entendida como um *custo* para o seu leitor, que não pode ser exageradamente aumentado (a este propósito, as pesquisas incidentes sobre os níveis de audiência revelam que, quando as inserções publicitárias nos programas televisivos são demasiado longas, os ouvintes tendem a mudar de canal ou a não dar atenção ao que ouvem, desde que não corram o risco de perder o fio à transmissão). Tal custo deve ser compensado com trocas ou compensações *externas* com o leitor que acabámos de considerar (tais como patrocínios, ofertas de outros conteúdos «gratuitos»), e também com algumas trocas *inerentes* ao texto publicitário, permanentemente oferecido ao leitor, que se traduz no cuidado espetacular com que normalmente a publicidade é elaborada. Esta mesma problemática testemunha, aliás, que no campo da produção mediática, os textos publicitários são geralmente os únicos a que se atribui um valor *negativo*: um custo económico para quem os produz, um custo *semiótico* para aqueles a quem se destina e, em consequência, um custo de atenção para o meio que os hospeda, cujo valor é unicamente determinado (mas de modo particularmente forte, pelo menos nalguns casos) pelo seu poder de mobilização, pela efetiva capacidade de incitar à ação.

Capítulo II

O DISCURSO PUBLICITÁRIO

Passemos, agora, à análise semiótica da publicidade, em particular dos seus níveis e aspetos mais relevantes. Como vimos, a publicidade, do ponto de vista semiótico, é um tema complexo e problemático. O rápido consumo de mensagens, a necessidade de ir em busca da novidade para impressionar o público e atrair a sua atenção, a multiplicidade dos objetos publicitados, tornam difícil uma análise uniformizada de todos os casos. Qualquer caracterização simplista da publicidade, que a definisse em termos de mecanismos textuais constantes, seria facilmente alvo de contraexemplos.

De facto, afirmar que a publicidade é constituída por textos de função persuasiva ou que enaltecem as qualidades de certos produtos, pode parecer plausível; mas é fácil mostrar que muitas mensagens publicitárias não manifestam, pelo menos na sua superfície textual, qualquer mecanismo de persuasão (por exemplo, as imagens de vestidos e perfumes que aparecem nos jornais, que não contêm qualquer forma de comunicação verbal) e muitas outras não falam de produtos mas de marcas, sem fazerem a menor referência ao aspeto mercadológico dos seus produtos (pensemos nas publicidades da Nike, mas em que nunca se faz referência explícita a este ou àquele produto da marca). No fundo, na publicidade de marca, a questão não é tanto a de convencer o espectador a fazer o que quer que seja, quanto a alterar o seu ponto de vista, o seu sistema de valores.

É evidente, por outro lado, que a publicidade age no plano da comunicação de uma forma bem determinada: um texto publicitário, por mais insólito que seja, precisa de ser reconhecido como tal, quando muito para atribuir um grau de legitimidade suficientemente grande para as suas transgressões linguísticas. Daí que a análise semiótica não possa ser exclusivamente classificatória, ou basear-se na presença de conteúdos característicos (como se faria para identificar os textos desportivos ou os políticos ou religiosos) ou ainda, na identificação técnica e linguística de um meio de comunicação específico, já que a publicidade é *transversal e mimética em relação aos meios*.

A fim de ultrapassar esta dificuldade de fundo, é conveniente distinguir diferentes níveis inerentes ao fenómeno publicitário enquanto tal: temos, em primeiro lugar, um *discurso publicitário* em geral que, entre uma multiplicidade de variantes, corre ininterruptamente nas sociedades capitalistas mediatizadas desde há pouco mais de um século; identificamos, depois, ao longo do tempo, numerosas *estratégias publicitárias* diferentes que articularam estes discursos segundo diversos estilos e objetivos; há, como vemos, diferentes *suportes* e *códigos* publicitários ligados segundo os quais o discurso publicitário se manifesta (na televisão ou no *outdoor*, por exemplo). Temos, por fim, as *campanhas e os textos publicitários* que são os objetos concretos da comunicação, os que podem ser alvo de uma análise empírica. Cada um destes níveis merece uma abordagem articulada segundo a sua especificidade, o que procuraremos fazer nos próximos capítulos do livro.

Por *discursos* entendemos, neste contexto, as várias formas de produção de texto presentes na vida social. Temos, assim, um *discurso político*, que se manifesta na esfera pública de todas as sociedades e que se concretiza na propaganda e nas declarações oficiais, no jornalismo político e nos debates parlamentares; um *discurso artístico*, que sofreu grandes transformações no decurso do século passado ao alargar o seu âmbito – da produção de quadros e estátuas, à de instalações e eventos mediáticos; um *discurso desportivo*, que compreende tanto a produção e representação de competições de

O DISCURSO PUBLICITÁRIO 31

natureza desportiva quanto a multiplicidade dos textos que os comentam e discutem.

Em termos gerais, o *discurso publicitário* distingue-se semioticamente dos demais tipos de discursos que perpassam a vida social pelo seu caráter *estratégico*. O *Webster's Third New International Dictionary* (cit. in Luttwak, 2001, p. 421, juntamente com outras definições análogas) define a estratégia como «a ciência e a arte de empregar as forças políticas, económicas, psicológicas e militares de uma nação ou grupo de nações, a fim de garantir o máximo apoio a uma linha política adotada em paz ou em guerra». Mas o que aqui nos ocupa é a *comunicação estratégica*, a utilização de imagens, de textos escritos e de materiais textuais vários que possa definir-se como estratégica – e não a guerra propriamente dita ou o recurso às armas, muito embora a publicidade não se coíba de adotar, a par com o vocábulo «estratégia», um outro extraído do léxico da guerra, o termo «campanha» que, no contexto militar, indica um ciclo completo de atividades bélicas desenvolvidas num território e tempo determinados («a campanha da Rússia», por exemplo), mas que em publicidade significa um grupo coerente de mensagens.

O que se nos afigura pertinente no conceito de estratégia é, desde logo, este sublinhar do caráter *de intermediação* do uso de um conjunto de recursos («empregar as forças [...] *a fim de* garantir o máximo apoio»). Em segundo lugar, atente-se na *dimensão* desta intermediação, que muitas vezes remete para a oposição entre uma *tática* de ação imediata e uma *estratégia* de dimensões e consequências mais amplas. Nas palavras do fundador do pensamento estratégico, Clausewitz (1970, p. 97), «a tática ensina o *emprego das forças em combate*; a estratégia, *o emprego dos combates para fins de guerra*». Estratégica seria, então, a utilização dos recursos com uma finalidade que ultrapassa a sua simples finalidade direta: um soldado não dispara apenas para atingir o alvo, mas para matar ou impedir o movimento dos inimigos; um destacamento militar assume determinada posição não pelo seu valor intrínseco, mas pelo facto de a mesma poder ter utilidade para a concretização de uma outra operação, e por aí em diante, segundo longas cadeias de finalidades que, em último caso, vêm a convergir naquele «apoio a uma linha política» eventualmente muito distante da atividade militar em concreto. Na prática estratégica é normal que um combate isolado seja levado a cabo com meios inadequados, e, por isso, com a intenção de ser perdido (o caso de um *simulacro*, por exemplo), ou que uma iniciativa de sucesso possa ser abandonada por desequilibrar a frente ou por se revelar contraproducente no plano político.

Como vemos, as atividades dominadas pelo pensamento estratégico são todas aquelas que não funcionam por si próprias ou pela sua lógica interna, mas por contribuírem para a realização de outro fim, muitas vezes até de forma paradoxal, «contranatura», em que a simulação, a dissimulação e o simulacro ocupam um lugar central. A relação com a comunicação empresarial e o seu aspeto competitivo são aqui bem patentes. Há ainda a considerar um outro aspeto interessante da atitude estratégica, implícito nas definições *supra* referidas. A ação da estratégia pauta-se, normalmente, pelo cálculo das reações do inimigo, fazendo-lhe acreditar, por exemplo, que as suas próprias forças são dispostas de forma não correspondente à verdade, com o fim de o desequilibrar, ou ocultando-lhe os preparativos de um ataque a fim de o apanhar desprevenido. O *simulacro*, a *habituação* do inimigo a um comportamento constante que, no momento oportuno, será quebrado de surpresa; o *desgaste* das forças que reduz a capacidade de ação do adversário; a *decisão* sobre o nível, sobre o espaço e sobre o tempo da relação ou do conflito; a «suasão» (Luttwak, 2001) nos seus dois momentos de *persuasão* e *dissuasão*, ambos baseados, no presente contexto, na prevalência da força; a *pressão* que o inimigo emprega ao deslocar-se para certa posição: todas estas são figuras de ação estratégica.

Podemos concluir que a ação estratégica é bastante comum na vida social, desde logo, em jogos como o xadrez e as cartas, nos desportos de equipa como o futebol e o basquete, no comércio etc., os quais apresentam seguramente aspetos semelhantes aos do combate. Porém, muitas outras atividades técnicas (da caça à pesca – que já os textos homéricos caracterizavam como atividades de *metis*, da mesma astúcia que Ulisses usa na guerra – à agricultura e, sobretudo, aos «estratagemas» da engenharia) correspondem a este modo de

O DISCURSO PUBLICITÁRIO 33

agir indireto e calculado, mesmo contra um adversário impessoal e desprovido de psicologia, como o são as «forças da natureza».

A publicidade (a par da propaganda política e religiosa que, em muitos aspetos se lhe assemelha, se não nos meios, pelo menos na finalidade) representa uma significativa aplicação da atitude estratégica à comunicação. As diferenças em relação à estratégia propriamente dita são numerosas e dependem naturalmente dos meios empregues que, neste caso, excluem a coerção e a violência, mas também dos objetivos, apesar da diferença existente entre uma «linha política», votada à tomada do poder, e o sucesso comercial. Mas, acima de tudo, falta o aspeto simétrico (força contra força, estratégia contra estratégia) que caracteriza o conflito militar, que define a estratégia e determina a sua dimensão paradoxal – não linear – que vamos encontrar na definição de estratégia do general Beaufre (1966, p. 27): «A arte da dialética das vontades que empregam a força para resolver o seu conflito». A publicidade não age num regime tão simetricamente conflituoso – salvo se se considerar um aspeto que concerne principalmente ao *marketing* e à gestão de empresas, ou seja, as relações entre empresas concorrentes no mesmo mercado: não é por acaso que muitos países proibiram ou limitaram seriamente a publicidade comparativa, precisamente para a subtrair, tanto quanto possível, à «dialética» do conflito.

No que respeita às relações das empresas com os consumidores, estes últimos não são naturalmente considerados como concorrentes das empresas, visto não se encontrarem nunca a um mesmo nível de ação. Não se trata apenas de uma assimetria numérica (muitos são os utentes da publicidade e poucos os produtores). A questão é a de que há diferentes valorizações em jogo: o consumidor procura satisfazer necessidades e desejos, sejam eles concretos ou simbólicos, ou seja, procura apropriar-se de valores de uso ou de natureza semiótica de que tem necessidade, sem outra finalidade que não a sua satisfação a curto prazo; a empresa, por seu lado, tem planos a longo prazo (planos de *marketing*, planificações financeiras e publicitárias) e visa o interesse económico, o aumento do seu próprio lucro. Disto resulta que a dimensão estratégica da publicidade se aproxima mais da *metis* da caça – em que a vantagem é do caçador que persegue a presa – ou

34 SEMIÓTICA DA PUBLICIDADE

talvez do agricultor – em que a colheita é assegurada pelo engenho paciente do camponês, e a oposição da matéria é inconsciente, devida unicamente às necessidades e tendências naturais dos organismos de que se pretende usufruir – que da guerra, onde se confrontam duas vontades conscientemente opostas.

Não pretendemos, com isto, emitir quaisquer juízos morais ou questionar os velhos lugares comuns a respeito da «persuasão oculta» exercida pela publicidade (Packard, 1989): nada há de mais evidente, nos nossos dias, que a persuasão publicitária, nada há de oculto ou de obscuro nas suas estratégias. Queremos apenas sublinhar que a dimensão estratégica da publicidade não consiste numa «luta» com os consumidores, mas num criterioso «cultivo» do seu modo de pensar, no «engodo» dos seus desejos, com vista à realização de objetivos óbvios e incruentos como a sua fidelidade a certa marca, o aumento do consumo de certo produto e, numa palavra – tenhamo-lo sempre presente –, a maximização do lucro da empresa.

Tentemos, pois, compreender a especificidade da noção de estratégia no contexto publicitário. Todas as formas de discurso que perpassam e enformam a vida social podem caracterizar-se, um tanto simplisticamente mas com uma certa eficácia, pela sua finalidade expressa, ou seja, por aquilo a que chamamos a *força elocutória* que exercem. Quando a linguagem (a comunicação, no geral) é utilizada para executar uma ação declarando-a explicitamente – por exemplo, quando se pergunta as horas a alguém ou quando se afixa um cartaz num local que indica uma saída –, estamos perante uma *elocução*. Mas quando a ação é *oblíqua* – como ocorre quando alguém adula uma pessoa poderosa para obter dela um favor, ou quando uma divisão de um apartamento se ilumina, ou quando incisivamente se comunicam os preços promocionais de alguns produtos, para incitar os clientes a entrar num estabelecimento onde o nível médio dos preços é bem mais elevado – falamos de *perlocução*.

Esta distinção, concebida inicialmente no âmbito da filosofia da linguagem (Austin, 1974), pode estender-se facilmente, como já foi referido, a outros códigos de comunicação e mesmo a géneros de discurso completos. O discurso publicitário, por exemplo, embora

O DISCURSO PUBLICITÁRIO

possa ser usado (perlocutoriamente) com vista à concretização de outros fins, políticos, suponhamos, afirma elocutoriamente ter em vista a informação dos leitores, isto é, o aumento da sua competência. Os discursos científicos, emitidos no âmbito de estabelecimentos de ensino, em congressos ou em livros e revistas, propõem explicitamente uma finalidade análoga de aumento do conhecimento, muito embora a competência a que se dirigem seja certamente muito diferente em quantidade e qualidade. O discurso astrológico finge ser científico para usufruir perlocutoriamente da credibilidade da ciência, por muito que os seus resultados correspondam (elocutoriamente) ao rótulo com que se autoatribuem, ou seja, a adivinhações, que mais não pretendem ser – e não nos interessa aqui se essa pretensão de credibilidade tem ou não suporte científico ou se as suas previsões são ou não redondamente inconsistentes. Os discursos de entretenimento têm como fim claro e declarado um aproveitamento agradável do tempo dos seus espectadores. Já os discursos políticos promovem a participação em projetos coletivos e, como estes, tantos outros exemplos.

Para concluir, podemos dizer que todos os tipos de discurso que visam enriquecer a nossa vida são concebidos de forma a estruturar indiretamente pelo menos uma parte dos seus efeitos, embora, no geral, esses resultados sejam obtidos ao serem diretamente construídos no decurso do seu próprio desenvolvimento, e declarados como tais de cada vez que são formulados. Uma cena de um filme pode bem esforçar-se por parecer verosímil a ponto de nos meter medo, mas continua a fornecer-nos um sem número de indicações de que se trata de uma ficção; um comício político pode lisonjear-nos e aterrorizar-nos de forma completamente perlocutória; porém, no momento da verdade, há de pedir-nos o consenso sobre determinada posição, se não mesmo o nosso voto.

Nesta perspetiva, a publicidade comporta-se diferentemente. O discurso publicitário apresenta-se implícita mas claramente como tendente a um fim, estratégico, perlocutório. Por outras palavras, *sedutor*, isto é, capaz de nos *deslocar* (Volli, 1998) de nós mesmos e induzir-nos a fazer algo que não pretendíamos, através da simpatia ou beleza, de argumentos racionais ou de divertimento. O discurso publicitário, sempre que é produzido, anuncia-se dizendo implicitamente que falará *de qualquer outra coisa*, mas *com o objetivo* de exaltar os valores de uma marca, de nos levar a adquirir um produto ou a adotar um dado comportamento: contar-nos-á uma história divertida, dar-nos-á um exemplo instrutivo, mostrar-nos-á uma imagem sensual, exibir-se-á com uma piada, exibirá uma série de dados «objetivos», pedirá a nossa cumplicidade *a fim de* atingir o objetivo de modificar a nossa postura perante o tema publicitado. Ser *explicitamente perlocutório*, anunciar a intenção sedutora que se persegue, é um oxímoro, um paradoxo da comunicação, que não é estranho à sedução em geral (não conterá um oxímoro semelhante qualquer decote «ousado»?), mas é precisamente esta *desfaçatez* que constitui a especificidade e, em certo sentido, também a força do discurso publicitário.

Esta dimensão perlocutória da publicidade, não sendo única, é normalmente completada por duas características, pelo menos: trata-se de um discurso que tem como finalidade explícita a *valorização positiva*, relacionada com um contexto comunicativo específico (ou *tema*, no sentido semiótico do termo), o do consumo.

Por «tema», a semiótica entende um certo universo de sentido que já contém, bem definidos socialmente (muitas vezes através de uma tradição literária ou mediática), certos papéis, ambientes, figuras, objetivos. O tema policial integra cadáveres e investigadores, assassinos e polícias com todos os seus acessórios e atributos tradicionais. O tema do desporto prevê atletas, instrumentos, regras, árbitros, procedimentos, atribuição de prémios, objetivos e táticas da ação. O consumo é um tema que assume grande importância na nossa sociedade, em parte graças ao discurso publicitário, mas não só por causa dele; é objeto de práticas extremamente ritualizadas: a ida às compras, a distinção mercadológica, dimensional e organizacional dos pontos de venda, a liturgia da escolha – das peças de vestuário –, por exemplo, e a dos diferentes tipos de pagamento. O consumo inclui também uma ideia de prazer e um certo tipo de neurose, que resumimos sob o termo «consumismo». A publicidade, embora nalgumas ocasiões possa abordar outros assuntos, nasce e desenvolve-se em torno desse *tema*, e tem como objetivo incitar ou

O DISCURSO PUBLICITÁRIO

reforçar as motivações de compra, em casos mais simples representa o consumo ou a aquisição em si, noutros reforça um papel essencial neste tema, o da marca.

Podemos dizer que, na maior parte dos casos ou nos casos mais típicos, *a publicidade se limita a valorizar o consumo de um produto (seja ele material ou imaterial) ou de um conjunto de produtos caracterizado por determinada marca*. Deste modo, a sua utilidade consiste na valorização positiva de um objeto (que pode não apenas ser uma mercadoria em sentido estrito, mas também um objeto abstrato como um serviço e, em certos casos, um comportamento).

Por «valorização» a semiótica entende o funcionamento de um texto que, através das devidas mediações semânticas, une um certo objeto – ou mesmo a sua contraparte textual – com um estrato muito elementar, muito simples e fundamental da nossa experiência do mundo e, em particular, do nosso corpo, aquela alternativa entre «estar bem» e «estar mal» (ou *euforia* e *disforia*, como prefere a semiótica) que é chamada *oposição tímica* (do grego *thymos*, que significa «sopro», «vida», «espírito»). Segundo a semiótica, todas as nossas experiências de sentido e de comunicação, e, por isso, também os nossos pensamentos e conceitos, mantêm uma relação com esta dimensão do bem-estar e do mal-estar, da tensão física e da tranquilidade, da dor e do prazer. Isto aplica-se especialmente aos textos e, no seu interior, às várias entidades narrativas como as personagens, ambientes, ações.

Uma das dimensões características de qualquer textualidade é a de harmonizar uma trama complexa de referências tímicas, ou axiológicas, que nos conduzem, por exemplo, no caso de um filme de aventura, da tranquilidade inicial, moderadamente eufórica, à forte disforia das mais terríficas peripécias do herói, até à grande euforia final da sua salvação e triunfo. Estas referências eminentemente físicas e corpóreas não podem, evidentemente, ser imediatas (embora existam experiências sociais que visam orientá-las de forma direta, como os parques de diversões e os centros de *fitness*). É essencial que a axiologização se assuma como *processo*, ou seja, como mediação semântica e narrativa, como uma complexa construção de sentido referente a temas, personagens, ambientes, imagens e palavras antecipadamente *valorizadas* no seu contexto cultural. Uma das principais funções de qualquer texto, em particular do texto narrativo, é este processo de construção de *axiologias*, que podem ser mais ou menos óbvias ou mais ou menos complexas.

O discurso publicitário distingue-se dos demais por trabalhar sempre e principalmente com vista a uma forte axiologização, usando ricas e complexas capacidades de sentido, estratégias narrativas e visuais, estruturas retóricas articuladas, de modo a valorizar positivamente objetos (produtos, serviços, marcas) e comportamentos *que se encontram no mundo* e não só no interior do texto – como ocorre na narrativa. Fá-lo normalmente de forma oblíqua, isto é, perlocutória e subjetiva, construindo cadeias de valorização inclusivamente de grande dimensão e complexidade. E, como vimos, tem como principal objetivo a valorização de objetos que ocupam o seu lugar natural no quadro do tema do consumo.

É certo que há também textos publicitários que parecem contradizer esta avaliação positiva, como ocorre na publicidade comparativa, que *fala mal* da concorrência (inventando, por exemplo, uma história do futuro em que se perdera toda a recordação da marca Coca-Cola, e em que uns arqueólogos se questionam, tomando uma Pepsi, o que teria algum dia significado tal nome), ou na publicidade social, que tenta impedir comportamentos indesejados caracterizando-os segundo uma axiologia disfórica (mostrando, vamos supor, uma imagem aterrorizadora com o fim de dissuadir os destinatários, os consumidores de drogas). Em ambos os casos citados está presente um dos elementos narrativos mais diretamente ligados à disforia: a imagem da morte e a do esquecimento. Trata-se, porém, de casos marginais mas que, na sua maioria, acabam por fazer referência, por oposição, a valores predominantemente positivos. É evidente que, na publicidade que citámos, a imagem da Pepsi se nos apresenta viva e agradável, e que, no outro caso, a recusa da droga salva a vida abrindo também espaço à felicidade e à euforia.

Esta conotação eufórica do discurso publicitário não é, de forma alguma, banal, principalmente se a confrontarmos com outros tipos de discurso, como o jornalístico, que tende a privilegiar a disforia (as

O DISCURSO PUBLICITÁRIO 39

«más notícias» gozam sempre de mais relevo do que as «boas»), ou com a criteriosa ritmação tímica (isto é, com a cuidada sucessão de euforia e disforia) que caracteriza as narrações e os espetáculos em geral, ou com a ausência programática de valoração do discurso científico. Ela constitui uma explicação pelo menos parcial do facto de que toda a publicidade, em certo sentido, age de forma concertada no que toca à valorização do tema geral que, como vimos, a unifica: o do *consumo*.

Antes de publicitar produtos e marcas, é todo o mundo da aquisição, da posse e do consumo que é propagandeado pelo discurso publicitário. Embora, como é natural, as necessidades e desejos sempre tenham existido nas sociedades humanas, e a dimensão da troca de bens, com a invenção da moeda e do comércio, sempre tenha tido importância na vida social, esta prevalência do universo do consumo efémero dos produtos em detrimento de outros tipos de valores (a «honra» aristocrática, ao poder e a glória dos guerreiros, a sapiência dos sábios ou a santidade dos religiosos, ou mesmo a riqueza imobiliária das grandes famílias nobiliárquicas) é um dado relativamente novo e raro na antropologia cultural: apresenta-se pela primeira vez na Europa do Renascimento, durante séculos é duramente posto em causa pelo *Ancien Régime* e até pelo «espírito calvinista» que originou o capitalismo (Weber, 1965), só vindo realmente a triunfar com a plena afirmação (ou melhor, com o início da decadência) da sociedade burguesa, no decurso do século XIX.

O discurso publicitário é a ideologia deste primado do consumo, sobretudo quando se refere a um produto ou marca em particular: porque o sentido inerente ao consumo de um produto, para além das necessidades e da sabedoria económica, seria muito menos rico se não se baseasse numa valorização do consumo enquanto tal que, no geral, tende a apresentar a felicidade como aquisição efémera de produtos que devem ser imediatamente renovados, pois são materialmente perecíveis (como as bebidas e produtos alimentares), ou sujeitos à *obsolescência estética* própria dos fenómenos de moda. Muita gente atribuiu a histórica vitória do modelo capitalista sobre o «socialismo real» de finais dos anos oitenta do século passado pre-

40 SEMIÓTICA DA PUBLICIDADE

cisamente à capacidade apelativa da ideologia consumista e, em particular, à mobilização do desejo típico do discurso publicitário.

«Consumo» é uma palavra ambígua, é-o desde as suas referências etimológicas (deriva do latim *consumere* = eliminar, queimar etc., mas também de *consummare* = chegar ao fim, concluir). Para muitos produtos (alimentares, de limpeza etc.), o consumo entendido como *uso* equivale, efetivamente, à sua destruição. A publicidade normalmente subentende este significado (embora não o expresse demasiado), na medida em que tem como consequência a necessidade de uma nova aquisição após efetuada a compra – e a *motivação económica da publicidade* não é o *gozo* de bens, mas a *compra* de bens e serviços. O consumo – ação puramente física ou semiótica – tem apenas relevância enquanto pressuposto de um ato económico, a compra.

Sempre que, pela natureza do bem, não há identificação entre consumo e destruição do produto – no caso dos «bens de consumo duradouro» (como automóveis, eletrodomésticos ou mesmo peças de vestuário), ou de serviços de caráter igualmente duradouro (seguros, assinatura de telefone, etc.) –, especialmente num mercado saturado, a publicidade tende normalmente a provocar um *consumo simbólico* de tais bens, cuja forma mais característica é a moda.

A destruição do produto resultante da sua utilização não ocorre tanto no plano físico quanto no da sua valorização, cuja tarefa é própria da publicidade. Tal como acontece em relação aos modelos de automóvel, a valorização de um novo bem implica geralmente a desvalorização simultânea do velho bem que lhe corresponde, quanto mais não seja no plano meramente comparativo. Esta é a razão pela qual tantas vezes vemos enaltecer o caráter inovador de um produto que conserva inclusive a mesma denominação (caso típico dos detergentes), segundo a fórmula americana do *new-improved*. Nestes casos, falamos também de *obsolescência controlada*.

A obsolescência ou envelhecimento artificial do bem pode ser *material*, nos casos em que a sua resistência física é inferior à que poderia ser se o produto fosse criteriosamente construído (neste caso, custaria obviamente mais – como muitos automóveis); ou naqueles em que o *marketing* prevê um aumento gradual das prestações do

O DISCURSO PUBLICITÁRIO 41

produto, banindo rapidamente do mercado os produtos que entretanto se tornaram obsoletos (caso da eletrónica de consumo doméstico, nomeadamente da velocidade de processamento dos computadores). Mas a obsolescência pode ser simplesmente *semiótica*, como ocorre com a moda do setor do vestuário, com o mercado da música comercial ou com o mercado editorial. Até os automóveis conhecem fenómenos análogos, desde logo com o *restyling* dos modelos. Em qualquer destes casos, nada de substancial (ou realmente funcional) mudou no produto: simplesmente é proposto um outro com características diferentes (um vestido de cor diferente, um carro com design renovado, etc.). O próprio facto de se valorizar a nova cor ou o novo design retira valor aos bens aos quais falta tal característica favorecendo o seu abandono precoce em relação ao que ficaria a dever-se à sua simples utilização material. Uma das funções económicas da publicidade, no plano da valorização do consumo, é precisamente a de provocar artificialmente o uso semiótico dos produtos já adquiridos e só em parte consumidos.

O que acabámos de dizer põe em evidência um aspeto que torna particularmente interessante o discurso publicitário: a troca que nele se dá entre *valor semiótico* e *valor económico*. Com base numa célebre passagem de Sausurre (1967, pp. 134-48), o valor semiótico pode definir-se como a *relação horizontal* que simultaneamente liga e opõe um signo aos demais signos que se encontram no mesmo âmbito, definindo a sua função comunicativa por oposição às outras possíveis unidades do mesmo *sistema* semiótico.

É importante ter em conta que, para Saussure, os signos não são simplesmente definidos pela relação que se estabelece entre um *significante* e um *significado* (ou, como hoje se diz, entre *expressão* e *conteúdo* – ou seja, entre um elemento material que veicula a comunicação e o que é entendido neste processo): dois elementos em relação entre si mas definidos de forma *autónoma* e *positiva*, com base nas suas propriedades objetivas. Esta ideia ingénua sobre o conceito de significado foi repudiada pela semiótica estruturalista desde as suas origens saussurianas. Quer o significante, quer o significado de um signo são, efetivamente, «retalhados» no interior dos «planos» que os contêm: no caso clássico do signo linguístico verbal – uma palavra, por exemplo – o significante está presente no plano dos sons da língua (mais ainda das «imagens acústicas» previstas pela mesma) enquanto o significado é extraído do repertório dos conceitos disponíveis num dado momento por dada sociedade. Esta interpretação, em que as unidades semióticas são vistas como «retalhos» de um plano, caracteriza-as pela *negativa*, ou seja, por *oposição* a: o que interessa não é o modo como o significante é feito, mas o modo como o *não é*; interessa menos o conteúdo que ele veicula do que os outros que *exclui*.

Tanto a expressão como o conteúdo devem ser analisados posteriormente: são extraídos de determinada *substância* (os sons audíveis, por exemplo, ou as manchas de tinta sobre papel, no caso da expressão linguística, ou o conjunto dos objetos percetíveis, no caso dos conteúdos). Porém, esta *substância* só é organizada segundo uma certa *forma*: a seleção dos tipos de som que uma língua distingue (os seus fonemas), ou dos grafismos que emprega para escrever; ou, ainda, a classificação das coisas que dada sociedade considera suficientemente interessantes para lhes atribuir um nome.

O mesmo se passa em relação a outros tipos de signos, com as devidas alterações à definição dos «planos» utilizados: no caso das imagens, por exemplo, o significante será extraído de um repertório de traços gráficos e o significado dependerá do âmbito dos objetos representáveis numa certa cultura (do seu código iconológico), dependente, por sua vez, da estrutura dos nossos órgãos sensoriais, mas também de certas convenções culturais pelas quais um desenho sumário de uma saia e de uns cabelos compridos nos permite reconhecer uma mulher, e a figura de um homem de idade sentado numa cátedra junto de um leão numa pintura renascentista nos permite identificar S. Jerónimo. Ora, é evidente que os sons dependem de cada língua, e assim também as convenções representativas. O mesmo se pode dizer, de forma talvez menos óbvia, a respeito dos conceitos. Os campos de experiência são os mesmos, mas são «recortados» de diferente modo pelas várias sociedades, e esta operação de «recorte» modifica-se subtilmente de forma contínua, mudando a relação entre signos contínuos, como no caso em que é introduzido

O DISCURSO PUBLICITÁRIO 43

um novo termo correspondente a um novo projeto (como «computador»), ou um vocábulo muda o seu significado principal («carro» equivale a «automóvel», «fantástico» é usado como «magnífico») e por aí em diante.

Da mesma forma que a geografia física de um continente como o europeu se conserva inalterada ao longo do tempo, mas a sua geografia política muda com a evolução das contingências políticas, também sons, conceitos, imagens e outros elementos usados para produzir signos se perfilam no substracto tendencialmente constante da experiência humana (por mais que a panóplia dos objetos e das ideias disponíveis seja muito variável), mas modificam-se com a mudança das suas relações específicas numa sociedade ao longo do tempo e, mais ainda, em diferentes culturas. Esta relação de dependência recíproca *horizontal*, no plano quer dos significantes quer dos significados, é chamada *valor*. O conjunto destas alternativas virtualmente disponíveis no plano horizontal (por exemplo, o conjunto dos nomes que poderiam aparecer numa certa posição de uma frase, ou as cores de um quadro) é chamado, na semiótica contemporânea, *sistema* (enquanto a sequência de signos que o texto efetivamente manifestado produz é designada *processo*).

A proposta de Saussure, que constitui um dos mais importantes pressupostos metodológicos da semiótica contemporânea, é a de que o valor semiótico representa o elemento decisivo do funcionamento dos signos. Repitamo-lo: não é o conteúdo positivo e concreto de um signo (seja ele *arbitrário* ou *motivado*) que se revela determinante na comunicação, mas o valor *opositivo*, negativo, concorrencial, se quisermos, que se determina em cada momento. Segundo Saussure, na língua «tudo é negação» – uma teoria fácil de entender quando referida aos sons da língua, onde se torna evidente que o importante é, acima de tudo, a oposição, a capacidade de distinguir as expressões entre si, mas que é particularmente frutuosa quando aplicada ao sentido.

Esta noção opositiva do sentido ganha especial relevo quando aplicada ao mundo dos produtos e da publicidade, e isto não só pelo facto evidente de que a prática publicitária apenas se justifica num regime de concorrência entre marcas, objetos e serviços que compe-

44 SEMIÓTICA DA PUBLICIDADE

tem para satisfazer as mesmas necessidades ou desejos. A questão é mais subtil. Por muito que possa parecer que o discurso publicitário *preencha* de sentido os produtos e as marcas de que fala, ou, como hoje se costuma dizer, «construa mundos» em redor deles, o seu objetivo fundamental é outro, o de *opor* produtos e marcas potencialmente semelhantes, *instituir diferenças* onde materialmente talvez nem existam, *construir oposições* – as quais, como vimos, podem, por sua vez, estar ligadas a axiologias. O *valor semiótico* consiste, pois, nestas oposições e não, como é óbvio, nos atributos, muitas vezes banais e pouco pertinentes ou comuns a todos os concorrentes, que se referem aos produtos. Onde quer que encontremos um discurso publicitário, a análise semiótica deve perguntar-se quais as *diferenças* que são construídas, onde se encontra o *valor semiótico* (em sentido saussuriano) das mensagens.

A publicidade, ao «comunicar» o seu objeto, isto é, ao conjugar em determinado *processo* comunicativo axiologias, narrações, condições de utilização, etc., mas sobretudo opondo-o aos seus concorrentes diretos ou indiretos, produz um *valor* semiótico para produtos, marcas, serviços e comportamentos que, no ato da compra, se funde com o valor económico. Por esta razão faz sentido falar das despesas publicitárias como despesas de «investimento»: um custo empresarial cujo objetivo é produzir valor económico através do valor semiótico.

Um poderoso mecanismo de valorização/oposição é, como vimos, o mecanismo das modas, ao opor os produtos (nomeadamente dos setores do vestuário e da decoração, mas cada vez mais de todos os âmbitos produtivos) com base no fator temporal: o novo produto, acabado de «lançar», é sistematicamente valorizado em detrimento do que até há bem pouco era novo e que agora se torna velho, «antiquado», fora de moda. A obsolescência controlada que daí resulta acelera a taxa de substituição da panóplia dos bens de consumo disponíveis individualmente (por exemplo, no caso do vestuário, a atualização do guarda-roupa individual). Em consequência, tende a provocar um aumento do consumo e, por conseguinte, das compras.

É importante sublinhar o *caráter individual*, privado, destes mecanismos e considerar as suas implicações. A natureza mediática

O DISCURSO PUBLICITÁRIO

do discurso publicitário destina-o tipicamente a uma estrutura comunicativa de tipo «um-muitos»: embora as mensagens publicitárias sejam múltiplas e concorrentes entre si, cada mensagem tem um só emissor (por mais articulado que seja entre uma empresa, uma agência ao seu serviço, um suporte onde a mensagem aparece). Apesar de se vir falando muito na individualização do *marketing*, a publicidade inscreveu na sua própria definição o caráter de comunicação de massa. Porém, a mensagem é recebida individualmente ou, no máximo, numa dimensão familiar. Isto ocorre não apenas no plano sociológico da análise empírica da fruição (jornais, cinema, televisão são meios recebidos individualmente ou como se o destinatário estivesse sozinho ou, no máximo, num pequeno grupo de familiares ou amigos), mas sobretudo no plano da análise semiótica: as mensagens publicitárias, fazendo apelo sobretudo ao desejo e centrando-se frequentemente em valorizações de natureza emocional, falam a cada leitor *enquanto* indivíduo, *como* ser individual, *interpelam-no* na dimensão privada pela qual se identifica com as histórias transmitidas ou se projeta no lugar encantado da publicidade.

O crescimento do valor económico das despesas individuais, ou seja, da *propensão para o consumo*, é uma das condições de equilíbrio da economia contemporânea. (Para um aprofundamento das consequências deste facto cf. Volli, 1998; 2002). Um dos resultados gerais que esperamos do discurso publicitário é, então, o aumento do consumo *individual*, o único que pode ser publicitado, já que é também o único a depender das escolhas individuais do consumidor. É importante considerar a diferença entre o discurso político – que pode muito bem integrar como temas a adoção de certos consumos coletivos, mas a partir de uma decisão *coletiva*, feita com base num *projeto* – e o discurso publicitário, que se desenrola *sempre* a um nível individual – mesmo no caso da ambígua «publicidade social».

A valorização publicitária ocorre sempre a um nível individual, com vista a um ato (de consumo, normalmente, mas também de outros tipos, como no âmbito previsto pela publicidade social) que, por sua vez, é substancialmente individual, fundado na ótica do desejo mais que na previsão racional, na identificação subjetiva mais que no cálculo das prioridades. Contrariamente, o consumo público baseia-se em cálculos corretos de oportunidades coletivas, que podem ser mais ou menos corretos, mais ou menos lógicos, talvez mesmo fruto de um engano, corrupção e prepotência, mas que na sua lógica são alvo de uma análise racional que procura estabelecer uma relação entre necessidades e recursos. O consumo coletivo é *frio*, quanto mais não seja pelo tempo e pela fieira burocrática que requer.

Poder-se-ia afirmar que o sentido social principal do discurso publicitário consiste precisamente em distinguir, tanto ao nível dos processos como das motivações, os consumos privados dos coletivos, privilegiando os primeiros. Na medida em que o consumo induzido pela publicidade se subtrai à racionalidade do cálculo custos/ /benefícios que deveria caracterizar o *homo oeconomicus*, segundo a teoria económica clássica, poder-se-ia paradoxalmente defender (o que aliás já foi feito) que a publicidade tem uma natureza contrária à lógica do capitalismo, à racionalidade do mercado. Daí o implícito e inevitável *conteúdo político* da publicidade enquanto tal, como instrumento semiótico que valoriza os consumos individuais em detrimento dos coletivos.

Se consideramos, então, o impacto do discurso publicitário na esfera pública, isto é, num campo em que valores, objetivos e projetos sociais são discutidos e decididos, vemos que, paradoxalmente, a publicidade é um importante *fator de privatização da esfera pública*. O predomínio do discurso publicitário sobre os meios de comunicação não tem apenas um impacto essencial sobre eles, e, por isso, sobre o modo como se posicionam na vida social, constituindo uma rede de dependências económicas em relação ao interesse (e, assim, também aos discursos) dos produtores de bens de consumo em prejuízo dos seus adquirentes ou de outros produtores (dependências que normalmente redundam num verdadeiro condicionamento económico: são do conhecimento geral numerosos casos em que uma publicidade apresentada num cabeçalho, ou a ameaça da sua suspensão, foi usada para condicionar inquéritos, opções políticas, a direção a seguir, em suma).

O discurso publicitário, no seu todo, e já num outro nível, serve de modelo ao discurso dos *media*, influenciando designadamente o comportamento destes em relação ao consumo: numerosos meios de

O DISCURSO PUBLICITÁRIO

comunicação (quase todos, aliás), privilegiam ou, pelo menos, aliam à apresentação dos factos e à discussão do interesse coletivo no quadro da sua competência a função de produzir «conselhos para as compras», isto é, de orientar o leitor, pensado como indivíduo isolado e interessado sobretudo no valor subjetivo e no sentido dos seus atos de consumo. O indício deste comportamento é frequentemente a identificação do indivíduo (do cidadão, da pessoa, eventualmente do comprador, do cliente) com a figura do «consumidor».

Toda uma retórica continuamente reiterada nos meios de comunicação, nos estudos sociológicos, psicológicos e semióticos em torno dos fenómenos de consumo (que muitas vezes atribuem a si próprios a função de aconselhar as empresas sobre os discursos que devem ser feitos na sua publicidade), considera o consumo como uma atividade produtora de sentido que permite que o «consumidor» se defina, se exprima, se aperceba dos valores que o regem e que os comunique. Estas abordagens deixam entrever uma colonização da mente das pessoas, uma privatização dos seus sistemas de valor, pelos quais estes se definem não tanto em relação aos interesses gerais, à postura adotada perante problemas sociais, éticos ou políticos, mas em relação ao consumo. Tudo isto, apesar de realista, não é inevitável, e não se trata certamente de uma característica permanente da condição humana, como demonstra a comparação com outras sociedades no tempo e no espaço. Vale a pena questionarmo--nos sobre este tipo de sociedade, em que os valores são definidos ou, pelo menos, considerados como «estilos de vida», como produtos de uma certa apetência para o consumo.

Poder-se-ia objetar, invocando que o indivíduo enquanto tal é *naturalmente* privado, daí que a dimensão da publicidade e dos meios de comunicação que seguem o seu modelo mais não fazem que secundar tal natureza e que é justamente isso que lhe garante o sucesso. Mas este raciocínio simplesmente coloca em termos tautológicos o que hoje não passa de uma ideologia, por muito que indubitavelmente dominante no período histórico em que vivemos. No entanto, a palavra «privado», inclusivamente em termos etimológicos, significa «destituído», carente da dimensão pública. E todo o pensamento clássico, dos Gregos em diante, estabelece na dimensão pública e desinteressada o espaço próprio da humanidade completa (Arendt, 1964). A privatização da esfera pública costuma ser definida em termos de perda (Arendt, 1964; Habermas, 1994), mesmo quando nos surge apenas como um domínio do interesse individual sobre o coletivo. O discurso publicitário tende a radicalizar ainda mais este *refúgio no espaço privado*, substituindo *a posteriori* o interesse racional pelo desejo ou o sonho do indivíduo isolado.

Capítulo III

ESTRATÉGIAS PUBLICITÁRIAS

O caráter eminentemente estratégico que caracteriza o discurso publicitário no seu todo torna particularmente importante a questão das estratégias adotadas em concreto pelas campanhas para a valorização publicitária de produtos ou marcas. A maior parte dos temas considerados estratégicos em termos publicitários na realidade dizem respeito ao *marketing*; ou seja, estabelecem linhas de ação (de caráter semântico, mas também relativo ao preço, à distribuição etc.) que a empresa decide seguir para fazer face à concorrência, para acompanhar ou antecipar as tendências dos consumidores, para aumentar a quota de mercado ou, simplesmente, para aumentar os lucros. Como vemos, tal estratégia não é *inerente* ao discurso publicitário, mas precede-o e determina-o, sugerindo o modo segundo o qual a empresa deverá conduzir, em traços gerais, a sua relação com os consumidores.

Uma empresa pode preferir apostar no caráter económico do produto que pretende difundir, complementando tal escolha com um nível de preço adequado, com uma larga presença nos supermercados, com embalagens concebidas num estilo simples e tradicional e com uma comunicação veiculada pelos meios mais difundidos, capaz de realçar o baixo preço do produto e o seu vantajoso desempenho. Mas o *marketing* pode optar por apostar no conceito de «topo de gama» e apresentar os produtos como raros e dotados de valor, determinando distribuí-los por alguns poucos estabelecimentos

50   SEMIÓTICA DA PUBLICIDADE

criteriosamente escolhidos, manter os preços elevados, criar uma embalagem de aparência cara e elegante e, por fim, publicitá-los numa imprensa de elite acompanhados de textos que sugiram valores imateriais e estilos de vida «de classe». Outros produtos poderão diferenciar-se da concorrência através de um design inovador e de uma comunicação refinada, ou então procurar ser entendidos por todos, evitando qualquer tipo de ambiguidade; poderão, por outras palavras, centrar-se num certo segmento de população (como os jovens, ou os solteiros, ou os *fashion addicts*) ou visar um público mais geral. É possível desafiar o líder do mercado com uma comunicação agressiva, ou defender discretamente a posição que já se ocupa. Imitar produtos existentes ou inventar produtos novos, investir na grande distribuição ou numa *boutique* monomarca, valorizar o preço ou antes o prestígio. Não nos iremos deter nestas grandes estratégias comerciais, já que são escolhas realizadas ao nível do *marketing* e que ultrapassam a esfera publicitária, tanto assim que chegam mesmo a decidir a sua importância relativa.

Não pretendemos sequer concentrar-nos numa importante consequência advinda de tais escolhas – a seleção dos meios de comunicação que deverão difundir a mensagem publicitária, a que já aludimos no capítulo I. É óbvio que uma publicidade emitida num jornal desportivo ou numa uma revista feminina irá atingir dois públicos-alvo radicalmente diferentes, tal como ocorre com uma publicidade que acompanha um programa de variedades de sábado à noite ou uma telenovela transmitida ao início da tarde, ou ainda com a publicidade que aparece num jornal nacional ou numa rádio local. Apesar de frequentemente realizadas após a definição do texto publicitário, estas escolhas distributivas têm influência sobre o público-alvo, daí a necessidade de serem tomadas em consideração no momento de decidir a linguagem da própria mensagem; posteriormente, condicionarão com certeza também os seus resultados. A sua eficácia depende, como referimos, do caráter *parasitário* da publicidade em relação ao público dos meios de comunicação em que a sua ação se desenvolve, daí que a publicidade deva adequar-se não apenas à realidade social que lhe serve de suporte (na medida em que consegue conhecê-la por intermédio da ação de empresas de sondagem e de estudos de mercado), como também ao modo pelo qual cada um dos *media interpela* o seu público, à linguagem que lhe fala e ao léxico que pressupõe. O mesmo espectador – suponhamos um homem, adulto, de classe média, habitante de uma grande cidade – terá reações diferentes se receber o discurso publicitário durante uma transmissão desportiva ou durante o telejornal. Mas também este tipo de considerações ultrapassa o âmbito das estratégias publicitárias em sentido próprio, ou seja, o âmbito da questão: «com base em que critérios e axiologias são valorizados os bens publicitados?».

E também neste plano as respostas podem ser múltiplas e desorganizadas, basta atentarmos nas escolhas concretas efetuadas caso a caso. A publicidade parece preencher todos os possíveis registos do discurso: do irónico ao patético, do jogo à exaltação técnica dos bens, do futurismo sintático dos *video clips* à mais tradicional das linguagens. Face a situaçõcs como cstas, para tentar compreender e classificar as várias alternativas possíveis, torna-se necessária a construção de tipologias. Na tradição semiótica, a tentativa mais conhecida de elaborar uma tipologia de valorizações publicitárias fica a dever-se a Floch (1992), que distingue quatro grandes categorias de valorização, consoante a axiologia publicitária (cfr. *supra* cap. II) seja construída com base na utilidade do objeto (valorização *prática*), no seu sentido social (valorização *utópica*), na capacidade de atrair a simpatia e o divertimento do leitor (valorização *lúdica*) ou na conveniência económica (valorização *crítica*), como se pode ver no esquema em que seguidamente nos iremos deter.

A classificação citada pode parecer-nos casual e caprichosa, embora no geral a experiência demonstre ser-nos útil para descrever o estilo essencial dos discursos publicitários; mas não é assim. Vejamos porquê. O caráter opositivo da organização do sentido, que abordámos no capítulo II, implica que a dimensão mínima para uma análise semiótica não seja nunca uma unidade textual isolada, por exemplo, um significado ou significante considerados separadamente, mas um conjunto de tais unidades: tem pouco sentido analisar um som de origem dental, se não se lhe opõe um outro de eventual origem labial, de modo a que duas classes de sons possam ser contrapostas; da mesma forma, o uso semântico da cor vermelha só

52   SEMIÓTICA DA PUBLICIDADE

ganha relevo se esta for oposta ao branco, ao preto, ao verde, isto é, a outra cor que determine por oposição o seu significado. Um elemento de significado em si mesmo, como «homem», não fica bem definido senão na sua eventual relação com um outro termo que, no concreto, se lhe contraponha, como «animal», «mulher», ou «criança». Esta oposição entre dois significados diferentes pertencentes ao mesmo contexto, ligados entre si não por uma relação puramente lógica de negação *a priori*, mas por uma oposição de sentido ligada ao funcionamento concreto de um certo texto, define-se em semiótica como *categoria semântica*. Em todos os textos, as categorias semânticas mais importantes e características são as que exprimem o seu sentido e que, normalmente, são confirmadas ou alteradas, constituindo *isotopias*, ou seja, percursos textuais em que constam os mesmos elementos ou conteúdos. Uma publicidade que estabelece uma relação entre um automóvel e o conceito de segurança, deverá conter vários elementos (visuais, verbais, sonoros) respeitantes tanto ao conceito de segurança quanto ao do automóvel em questão. Para reconstruir as categorias semânticas pertinentes num texto, o semiólogo deverá identificar as principais isotopias e estudar as relações entre elas, de forma a individualizar os conceitos que reciprocamente se opõem, e que – no caso da publicidade – são investidos de valor pelo próprio texto. Noutros casos em que, em vez de um só texto está em causa um repertório mais vasto, será então possível propor oposições de carácter mais geral como as que iremos considerar daqui a pouco, e sobre as quais se baseia a classificação de Floch. Neste caso, o bom funcionamento da classificação é a prova da pertinência da oposição previamente escolhida. Mas antes de nos debruçarmos sobre o esquema de Floch, devemos fazer uma introdução de carácter teórico. Muitas vezes, há todo o interesse em completar uma categoria semântica acrescentando à relação preexistente dois outros termos derivados da negação lógica dos dois originais. O branco e o vermelho, por exemplo, ou o masculino e o feminino, podem opor-se entre si segundo uma espécie de polaridade cultural, mas não constituem a negação lógica pura e simples um do outro. O branco não é a negação lógica do vermelho, nem o masculino do feminino. Em termos gerais, são possíveis outras posições não pertencentes aos termos opostos da categoria semântica: o verde não é nem branco nem vermelho, um computador não é nem homem nem mulher. Para examinarmos estas diferentes posições, normalmente bastante relevantes ao nível dos textos, convém considerar os termos contraditórios, em relação aos opostos no seio da categoria em questão: por exemplo, «não branco», «não vermelho», etc. Chegamos, deste modo, a um esquema, o do *quadrado semiótico*, que apresenta uma interseção de relações complexas mas, ao mesmo tempo, bastante claras na organização de sistemas semióticos completos.

ESQUEMA DO QUADRADO SEMIÓTICO

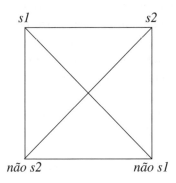

Neste esquema, vamos encontrar quatro diferentes *tipos* de relações: de *oposição* ou *contrária*, respeitantes à categoria semântica de partida, no eixo horizontal superior (*s1 – s2*); a de *negação lógica* ou *contraditória* que se exerce ao longo das diagonais (*s1 – não s1* e *s2* e *não s2*) com que construímos o quadrado de *subcontrária*, que vemos no lado horizontal inferior (*não s2 – não s1*), e a de *deixis*, nos lados verticais (*não s2 – s1* e *não s1 – s2*). Examinemo-las uma a uma, visto que as iremos utilizar na nossa análise.

– *s1* e *s2* representam elementos *contrários* na categoria semiótica que se toma em consideração (por exemplo, «branco» e «preto», se falamos de limpeza, ou «branco» e «vermelho», se o contexto for político). É importante compreender que os dois termos nos surgem

SEMIÓTICA DA PUBLICIDADE

como contrários por uma espécie de *decisão* ponderada por dada sociedade – comum, aliás, a uma multiplicidade de elementos linguísticos (caso da oposição política entre «direita» e «esquerda» imposta na Europa a partir da Revolução Francesa) –, mas também pela decisão do autor de um texto que, por qualquer razão, os valoriza, e que deve ser de uma forma ou de outra reconstruída *no texto* por quem o analisa. É preciso reiterar a ideia de que a relação de oposição não é *natural*, mas estabelecida de forma arbitrária. Esta dimensão arbitrária do sentido é particularmente importante em publicidade, onde a polarização opositiva deriva naturalmente do caráter concorrencial do mercado, e em que as marcas procuram distinguir-se umas das outras por meio da articulação das diferentes oposições possíveis com a concorrência, no registo considerado mais favorável. Deste modo, um pequeno carro pode ser caracterizado contrapondo atulhamento a comodidade, mas também a diversão à fadiga da condução; o feminino ao masculino; o económico ao inútil, a inovação técnica à imprecisão, a segurança à fragilidade, a moda à banalidade, e assim sucessivamente.

Compete a quem se debruça sobre a análise semiótica identificar a oposição existente que se pretende analisar. Referimo-nos a uma hipótese operativa, confirmada ou refutada segundo a sua maior ou menor produtividade. Por exemplo, enquanto na nossa cultura o oposto de «branco» é normalmente «preto», já em política o oposto de «branco» é «vermelho»; e enquanto no futebol os «brancos» representam a seleção alemã, o seu oposto poderá ser dado pelos «azuis» (equipa italiana); mas poderá haver um texto em que o «branco» se oponha a «verde» (o verde dos campos, por exemplo). E temos ainda monges brancos e monges cinzentos, glóbulos brancos e glóbulos vermelhos, etc. Os únicos requisitos formais necessários à reconstrução de uma categoria semântica são:

1) os dois termos devem pertencer ao mesmo plano semiótico (desta forma, não é possível considerar contrários um significante e um significado, mas também objetos pertencentes a contextos distintos, uma cor e um sabor, por exemplo, salvo se existir um contexto semântico que os inclua);

ESTRATÉGIAS PUBLICITÁRIAS

2) os dois termos opostos devem ser *separados*, ou seja, não devem conter elementos comuns.

Na construção de uma oposição deste tipo afigura-se-nos pouco produtiva a contraposição de termos que, na linguagem comum, à partida se contradizem. No nosso exemplo, não seria conveniente contrapor um automóvel ultra-rápido a uma viatura lenta (a oposição velocidade/lentidão seria tida como banal e tautológica), mas a publicidade poderá talvez contrapô-lo implicitamente a um carro de condução monótona, construindo a oposição velocidade/monotonia, que se presta a leituras mais consistentes. A nível técnico, é necessário tomar em linha de conta que os termos opostos situados no eixo horizontal superior do quadrado, não reabsorvem as contradições situadas nos vértices opostos inferiores.

– *s1* e *não s1*, assim como *s2* e *não s2* são *contraditórios* («branco» e «não branco», ou «preto» e «não preto», por exemplo). O novo par deriva do par de partida (cada um dos seus termos é a negação de um termo da categoria semântica originária) e não existe nenhuma arbitrariedade inerente à sua definição. Quem utiliza o quadrado semiótico terá, contrariamente, de compreender aquilo que no âmbito textual que estuda pode corresponder a estes termos negativos, quais os objetos e valores presentes no texto publicitário que são os representantes concretos destas posições. Numa situação de oposição entre branco e preto, suponhamos, característica da publicidade dos detergentes, é fácil que «não branco» preencha a posição que no texto é ocupada por «escuro» ou «manchado», e que «não preto» seja a posição que, no quadrado semiótico, se atribui a «cinzento», «não muito limpo». Esta mesma interpretação não poderia, naturalmente, ser utilizada num contexto político, onde «não negro» poderia ser a posição de um movimento pós-fascista e «não branco» a um movimento laico. Pondo de lado uma certa arbitrariedade de interpretação, é importante – repitamo-lo – que a relação entre os termos que se confrontam na diagonal seja efetivamente de exclusão e contradição. Só isto permite distinguir os textos opostos (*s1 – s2*) dos contraditórios (*s1 – não s1*). Se essa distinção vertical falta, o quadrado deixa de funcionar, e ficamos perante uma categoria semântica pura,

56 SEMIÓTICA DA PUBLICIDADE

uma oposição não elaborada. O que é, certamente, uma configuração possível do sentido, como são possíveis situações mais complexas. Podemos, por exemplo, construir uma oposição a partir de seis termos («*sexy*» opõe-se, na nossa cultura, quer a «bonito» quer a «giro», assim como aos respetivos pólos «sem *sex appeal*», «feio», «desengraçado»). Mas, na prática, o quadrado semiótico de quatro termos é capaz de englobar a maior parte dos fenómenos de sentido.

– *Não s1* e *não s2*, pela relação que os une são denominados *subcontrários* (por exemplo, «não branco» é «não preto»). Enquanto os contrários, por definição, se excluem mutuamente, os subcontrários mantêm uma polaridadade opositiva, embora possam ter em comum zonas intermédias. Deste modo, se interpretamos «não branco» como «escuro» e «não preto» como «claro», fica-nos uma zona «cinzenta», intermédia, que ambos os termos podem descrever. Em resumo, ao passo que os dois termos opostos, como vimos, não têm interseções, é normal que os subcontrários se sobreponham em parte: uma coisa pode ser simultaneamente «não homem» e «não mulher» (uma criança, um robô) ou «não branca» e «não preta» (o verde).

– *s1* e *não s2*, à semelhança de *s2* e *não s1*, estão ligados por uma relação de *implicação* ou, como por vezes também se diz, de *deixis*, ou seja, de indicação exemplar («branco» é forçosamente «não preto» e «preto» não pode deixar de ser «não branco»).

Retomemos, agora, a classificação de Floch sobre as estratégias de valorização publicitária. Floch toma como ponto de partida a oposição, basilar em semiótica, que contrapõe *valores de uso* e *valores de base*. Esta categoria semântica deriva da análise das narrações, em que normalmente acontece que as personagens, para atingirem um certo objeto que, para elas, é o objetivo fundamental (valor de base), tentam primeiro assenhorear-se de um instrumento útil para atingir o objetivo principal (valor de uso). A este propósito, Greimas e Courtés escrevem (1979, p. 378): «a banana que o macaco tenta atingir é um valor de base, enquanto o pau que procura para atingir o seu objetivo será um valor de uso». Convém esclarecer que, seja o objeto de valor em torno do qual roda o programa narrativo principal

ESTRATÉGIAS PUBLICITÁRIAS 57

(de base) de um certo texto, seja o instrumento que, por sua vez, se vem a encontrar no centro de um programa narrativo secundário (de uso) podem ser *concretos* ou *abstratos* (tanto podemos ir em busca de um tesouro soterrado como da liberdade, e para os atingir, tanto podemos empregar a astúcia como uma enxada). E *qualquer* objeto pode tornar-se, segundo as circunstâncias, quer em valor de uso, quer em valor de base, até porque em todas as narrações o procedimento da construção de programas narrativos secundários é quase sempre repetitivo ou mesmo *recorrente*. Para escapar da sua ilha em busca do valor da liberdade, Robinson Crusoe precisa de uma embarcação (valor de uso); para a construir, precisa de madeira, pelo que terá que abater algumas árvores; para o fazer, precisa de um machado...

A partir da citada oposição narratológica fundamental, a tipologia das estratégias publicitárias desenvolve-se de forma ligeiramente diferente, mais concreta: os valores de uso dão lugar à publicidade *prática*, a que se centra racionalmente sobre aquilo que o produto sabe fazer; os valores de base, pelo contrário, orientam-se para a publicidade *utópica* ou *mítica*, ou seja, no sentido dos desejos fundamentais condicionados pelos estilos de vida do comprador; a publicidade de base, ou *crítica*, valoriza os aspetos racionalmente ligados à compra, designadamente o preço e a relação qualidade/ /preço; a publicidade não de uso, ou *lúdica*, valoriza a relação de agrado e divertimento construída pelo próprio texto publicitário.

QUADRADO DE FLOCH

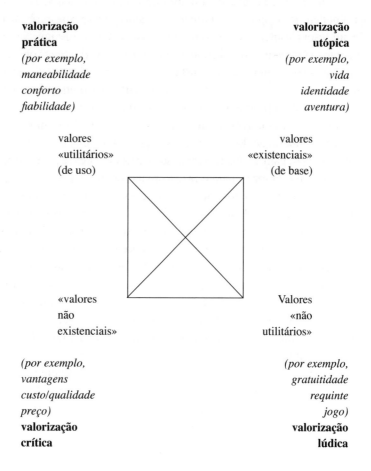

**valorização
prática**
(por exemplo,
maneabilidade
conforto
fiabilidade)

valores
«utilitários»
(de uso)

«valores
não
existenciais»

(por exemplo,
vantagens
custo/qualidade
preço)
**valorização
crítica**

**valorização
utópica**
(por exemplo,
vida
identidade
aventura)

valores
«existenciais»
(de base)

Valores
«não
utilitários»

(por exemplo,
gratuitidade
requinte
jogo)
**valorização
lúdica**

O esquema de Floch classifica os estilos de valorização publicitária, ou seja, as maneiras pelas quais um texto publicitário tenta atribuir um valor semiótico ao objeto. Vale a pena notar que as valorizações contidas no lado horizontal superior se referem a qualidades propostas pelo próprio objeto, enquanto as situadas na zona inferior respeitam principalmente à sua comunicação (em que naturalmente o preço está incluído); as valorizações situadas à esquerda referem-se a propriedades «reais», concretas, enquanto as da direita dizem principalmente respeito a qualidades «imateriais» ou inatingíveis. Na medida em que a tendência do discurso publicitário não se traduz simplesmente na confirmação das valências técnicas e económicas dos produtos, mas antes no estabelecimento de *diferenças artificiais* entre eles, as valorizações situadas à direita predominam normalmente no plano quantitativo e no plano da imagem publicitária, muito embora as valorizações de caráter mais racional, indicadas no lado esquerdo, possam revelar-se, de certa forma, mais convincentes. Uma publicidade que tente vender um automóvel pelo seu preço ou um detergente pela sua eficácia química facilmente será considerada banal, ao passo que um anúncio que associe um jogo eletrónico para adolescentes a idosos em pleno cruzeiro, ou um gelado a robôs apaixonados, tenderá a ser considerado mais «criativo» (qualquer que seja o significado que se queira atribuir a esta palavra).

Convém ainda referir que, não obstante a natureza opositiva do quadrado semiótico, as misturas não estão excluídas à partida. Com efeito, não é impossível depararmo-nos com uma valorização simultaneamente crítica e prática (que inclua tanto o elogio das qualidades do produto quanto o seu caráter económico), ou utópica e lúdica (apresentando uma identidade de maneira jocosa), etc. Seja como for, o que emerge deste esquema é uma classificação que, em muitos casos, permite a diferenciação e contraposição entre várias estratégias textuais de publicidade do mesmo objeto mercadológico, ou a verificação das suas eventuais afinidades.

Do esquema de Floch foram extraídas numerosas variantes e aplicações. Semprini (1993) propôs transformar o quadrado lógico num diagrama cartesiano, segundo a tradição figurativa das análises de *marketing*. A vantagem de tal reformulação está na possibilidade de considerar os quadrantes em vez dos vértices do quadrado e, por isso, de propor *posicionamentos* de marcas e objetos no interior deste «*mapping* semiótico dos valores de consumo», sugerindo colocações passíveis de misturar, talvez em diferentes proporções, pelo menos duas das categorias de Floch:

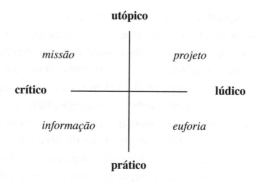

Neste esquema, as categorias (oposições) propostas por Floch tornam-se, por assim dizer, parâmetros que dão lugar a diferentes estratégias de valorização definidas nos quadrantes. «Missão», «projeto», «informação» e «utopia» são pensadas como possíveis caracterizações não só das mensagens publicitárias, como das marcas no seu todo.

Vale a pena citar a proposta de Ferraro (1999), não muito afastada da anterior nos aspetos formais, que procura integrar os possíveis «regimes discursivos» da publicidade, também segundo uma estrutura de eixos cartesianos:

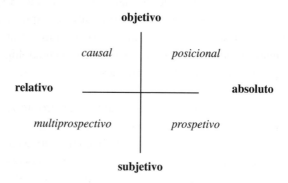

As quatro caracterizações dos quadrantes derivam do cruzamento de duas oposições (categorias semânticas): «objetivo» *vs.* «subjetivo»; «relativo» *vs.* «absoluto». O regime «causal» não é

ESTRATÉGIAS PUBLICITÁRIAS

muito diferente da valorização prática de Floch. Mas à valorização mítica podem corresponder dois quadrantes de Ferraro: o do regime «posicional» que, sendo a um tempo «objetivo» e «absoluto», caracteriza um discurso que pretende captar a «essência das coisas», a sua verdade, ou expor o seu protótipo (vejamos o exemplo de um tipo mercadológico, como o «automóvel por excelência»); e o do regime «prospetivo», típico, por seu lado, de discursos baseados em estilos de vida e em construções subjetivas. Por fim, o regime «multiprospectivo» pressupõe o facto de que a publicidade se apresenta segundo uma dinâmica dialógica e de grupo, em que vários pontos de vista são apresentados em simultâneo, em confronto ou colaboração. No esquema de Ferraro, para além do conteúdo das axiologias em questão, tem-se em conta o modo pelo qual as mesmas são postas em relação com o leitor, com as suas necessidades e prioridades. Por outras palavras, *na* publicidade o consumidor também entra em jogo. Teremos em seguida oportunidade de nos debruçar sobre este tema de capital importância para o discurso publicitário.

Com efeito, ainda que limitados às grandes estratégias de valorização publicitária e do seu discurso, sem entrar no âmbito das mensagens em si mesmas, que alteram e misturam estas caracterizações, as categorias envolvidas revelam-se numerosas e complicadas. É impossível determinar teoricamente qual das classificações que referimos (e outras que poderiam ser propostas) revela ser a mais correta ou oportuna em cada caso individual. Para uma caracterização eficaz da estratégia ou do estilo de uma campanha, é quase sempre vantajoso aplicar simultaneamente mais de uma classificação.

Elasticidade e variação constituem, efetivamente, uma parte essencial da própria noção de estratégia, o que resulta do facto basilar de que todo o discurso publicitário nasce, pela sua própria natureza, em concorrência com outros discursos análogos. Tal concorrência não se manifesta apenas no seio de uma mesma categoria mercadológica: em última instância, subsiste uma competição entre todos os produtos e serviços, cuja finalidade é cortar uma fatia – a maior possível – do quase sempre apertado *budget* que o público dispõe para consumo e poupanças: facto, este último, muitas vezes negligenciado no cálculo dos efeitos, também económicos, que a pressão publicitária exerce sobre os seus leitores, e que, afinal de contas, é um jogo numericamente irrelevante, que vale sobretudo pelo seu caráter diferencial.

O deslocamento, a variação, a tentativa de preencher novas posições no discurso, não só ao nível da superfície textual, mas também a um nível mais «profundo», respeitante aos estilos de argumentação, fazem parte do mecanismo basilar do discurso publicitário, renovando-se continuamente justamente pela pressão concorrencial.

Uma mensagem isolada nunca é suficiente: a repetição do discurso, que se torna tão irritante para o espectador, enquadra-se na fisiologia e na patologia de uma *comunicação imposta* como é a publicitária que, por necessidade, se propõe chegar àqueles que, de forma espontânea, não procurariam a informação nela contida, ou que creem já conhecê-la. A repetição da mensagem é comum a todas as estratégias publicitárias; pretende ultrapassar, além da dispersão do público, os efeitos de perceção e memorização seletiva do utente segundo os seus interesses, aspeto bem documentado por uma série de estudos sobre a receção dos *mass media*. E é justamente porque esta repetição provoca cansaço, habituação e aborrecimento, que se impõe uma rápida taxa de mudança das mensagens, a que, aliás, o confronto com a concorrência conduziria por si só.

A variabilidade referida ocorre a diferentes níveis. Pode haver uma *renovação* da mensagem no contexto da mesma estratégia, quer sejam realizados novos exemplos concretos do mesmo mecanismo generativo textual (como acontece com algumas longas séries de anúncios publicitários de sucesso). Estas mudanças, que conservam o conceito publicitário base, são necessárias e devem ser realizadas frequentemente, para não cansar o consumidor a ponto de lhe provocar desconforto. Dificilmente um grande comprador de publicidade repetirá a mesma mensagem por mais de algumas poucas semanas.

Mais raramente, verificam-se mudanças mais relevantes, em que se altera em maior ou menor medida a conceção fundamental da campanha publicitária. A razão pode ser ainda o recurso excessivo à repetição, a um nível mais profundo, ou a necessidade de modificar a imagem do produto ou a sua estratégia de comunicação a fim de a adequar às transformações do mercado, da concorrência ou das estratégias de *marketing*. Ainda que estejamos a falar de fenómenos pouco frequentes, já que uma série homogénea de mensagens pode chegar a durar alguns anos, no plano geral da comunicação também este segundo nível produz uma alteração contínua e certamente mais incisiva do que a primeira.

Em suma, a publicidade produz uma *demografia semiótica* particularmente rápida e cerrada. Um produto típico pode passar todos os anos por diferentes campanhas, sujeitas, por sua vez, a imitações e variações. Em relação aos discursos produzidos em larga escala, como os que emergem dos grandes meios de comunicação de massa (jornais, televisão), a publicidade conhece uma taxa de variação extremamente elevada, que dá lugar a uma verdadeira *inflação linguística* (a qual, mesmo acidentalmente, é seguramente causa de uma certa degradação na *semiosfera* em que está inserida).

Dada a multiplicidade da linguagem publicitária, a análise da estratégia discursiva deve ser igualmente conduzida através da procura dos instrumentos que melhor se adequam a cada caso individual.

Segundo a tradição retórica clássica, tal como Aristóteles a codificou (para uma exposição de teor divulgativo particularmente clara, cf. Barthes, 1972), há duas vias principais que permitem a persuasão: a *comoção* do público, baseada na manipulação dos sentimentos deste e o *convencimento*, que recorre a argumentações mais ou menos racionais. Esta grande subdivisão desenvolve-se posteriormente numa série de opções pragmáticas, que se podem escolher ou praticar posteriormente no decurso da argumentação propriamente dita.

Pode tentar-se envolver emotivamente (*comover*) um destinatário, exaltando, por exemplo, a *franqueza*, a *sabedoria* ou a *simpatia* do orador, ou seja, agindo sobre a definição do *enunciador* em termos de *competência*, ou exacerbando as paixões que *a priori* já dominam o público, o *enunciatário coletivo*, ou seja, agindo sobre uma *sanção*[*] previamente acordada. A compreensão destas posições do discurso exige que sejam tidos em conta os princípios da teoria da narração que, para a semiótica, se projetam muito para além dos

---

[*] A palavra é aqui usada na sua aceção de «assentimento», «consenso», «ratificação»; não como norma punitiva ou consequência após delito (*N. do R.*).

64 SEMIÓTICA DA PUBLICIDADE

limites da *fictio* propriamente dita. Voltaremos ao tema, de forma mais aprofundada, no próximo capítulo. Por agora, basta-nos referir que, na análise semiótica do discurso, podemos individualizar um esquema de ação típico (um *processo* recorrente) composto por quatro fases: cada uma das narrações começa com uma *manipulação* em que alguém é induzido (talvez até por si próprio) a aceitar uma espécie de *contrato* em que se compromete a realizar qualquer coisa, como descobrir um tesouro, desmascarar um assassino, conquistar o coração da pessoa amada, tornar-se adulto. A fase seguinte refere-se à conquista da *competência* necessária para a consecução de tal objetivo: como tivemos ocasião de ver, esta competência pode traduzir-se na posse de instrumentos concretos mais ou menos mágicos, objetos que conferem *poder*, ou objetivar-se em formas de *saber* como a experiência, o conhecimento, a sabedoria. A fase que se segue diz respeito ao desempenho, em que se realiza a tarefa prevista, possivelmente em conflito com adversários e concorrentes. No final, temos o reconhecimento do que foi feito, ou *sanção*. É preciso acrescentar que qualquer momento desta sequência pode falhar e precipitar a conclusão da história, ou exigir repetições, e que, muitas vezes, o esquema se repete recorrentemente em torno de si mesmo: adquirir uma competência pode, por sua vez, ser uma tarefa que afeta o herói ao cumprimento de um contrato, requerendo a aquisição de uma habilidade preliminar e, em seguida, de um desempenho que conduza a um reconhecimento.

A estratégia publicitária que parte do reconhecimento do *valor do enunciador* chama evidentemente a atenção para a aquisição de uma competência (por exemplo, sobre a razão pela qual um produto é conhecido e por muito tempo é bem sucedido no mercado). Enquanto a estratégia que aproveita os *valores adquiridos pelos destinatários* os remete talvez implicitamente a uma sanção previamente acordada, ao facto de já ter determinado que certas características, como a velocidade máxima de um automóvel ou a brancura de uma peça de roupa, são elementos positivos, essenciais até, para certos tipos de produtos. Temos, então, duas posições tipicamente semióticas a caracterizar boa parte dos textos publicitários mais comuns: as que partem da reafirmação dos «valores da marca», isto é, que tentam definir uma competência – eventualmente virtual – de um enunciador, como ocorre com as marcas; e as que, contrariamente, se movem no eixo entre prazer e desejo, tendentes a incitar o comprador. Como pretende o caráter eufórico do discurso publicitário, esta oscilação entre prazer e desejo resolve-se quase sempre a favor do primeiro termo, mostrando, por exemplo, a satisfação de um desejo realizado. Neste caso, como iremos ver, é frequente que o produto (ou marca) assuma, no esquema narrativo da história, a posição característica do *ajudante*.

Já que citámos a retórica, vale a pena referir que o discurso publicitário não raro se socorre de técnicas não dissemelhantes das codificadas nesta antiga arte da persuasão. Na publicidade deparamo-nos frequentemente com raciocínios aproximativos (*entimemas*), lugares comuns (*topoi*), figuras retóricas da expressão (aliterações, rimas etc.) e do conteúdo (litotes, hipérboles, metáforas, antonomásias). A vertente retórica da publicidade foi abundantemente explorada (cf., apenas à laia de exemplo, a intervenção de Stefano Magistretti, mencionada em Lombardi, org., 1998) e constitui indubitavelmente um tema de análise legítimo. Iremos reencontrar este assunto quando falarmos de signos conotativos, no próximo capítulo. Mas a dimensão retórica não é, evidentemente, uma característica exclusiva da publicidade: vamos encontrá-la em todos os tipos de discurso literário, na política, no jornalismo, na linguagem comum.

De facto, hoje em dia tornou-se suficientemente claro que toda a estrutura da comunicação está entretecida de retórica que, no fundo, constitui o seu aspeto criativo e normativo. Mais do que a retórica, são dimensões peculiares do discurso publicitário: a narração, a enunciação e o desejo, sobre os quais nos debruçaremos posteriormente.

Capítulo IV

TEXTOS PUBLICITÁRIOS

O texto publicitário é a parte do trabalho publicitário que *efetivamente* é comunicada e que se manifesta como mensagem. O utente *não vê* as estratégias, os complexos projetos de comunicação, tudo o que está por trás do *marketing* e da realização que lhe está subjacente. As intenções não contam. É só no momento da sua perceção concreta que a mensagem se realiza verdadeiramente: no público recetor. Mas é preciso acrescentar que tal perceção não é inteiramente consciente, não coincide de modo algum com o que o destinatário da mensagem *pensa* ter recebido e, menos ainda, com o que *afirma* aos eventuais entrevistadores *acreditar* que a mensagem lhes disse. A dificuldade da pesquisa empírica sobre os efeitos da publicidade está, neste caso, no caráter *parcialmente inconsciente* de tais efeitos: o que não significa necessariamente que esteja em jogo o inconsciente, entendido em sentido psicanalítico. A maior parte da comunicação que recebemos e produzimos passa despercebida à consciência, dado ser demasiado abundante e repetitiva: quem dá importância à sintaxe das frases que produz ou repara pormenorizadamente na gravata de tal ou tal apresentador do telejornal? Pensemos ainda na forma vaga com que passamos os olhos pelos títulos do jornal, até encontrarmos o assunto que nos interessa. A questão é, precisamente, a de que há demasiada comunicação à nossa volta, e que já desde a primeira infância (ou geneticamente, quem sabe) estamos treinados a selecioná-la: muitíssimas experiências demonstram que a perceção e a recordação das mensagens mediáticas é seletiva e, principalmente, que os estímulos são classificados não um a um, mas por grupos, por categorias de sentido provisórias, que só em caso de necessidade se dissolvem. Dado que, a maior parte das vezes, vemos o bosque mas não as árvores, a multidão mas não as pessoas, a televisão mas não os programas, a publicidade mas não o anúncio, também a maior parte da comunicação é tecnicamente *subliminar*. O que não significa que os pormenores dos quais não nos apercebemos não tenham relevância, ou que, segundo um velho mito, tudo o que escapa à consciência tenda a agir sem qualquer controlo. Até porque, relativamente ao público, são efeitos de massa que estão em causa. O que acontece, simplesmente, é que a memória consciente de cada indivíduo não é o melhor critério para medir a comunicação recebida pelo público.

Os textos, mormente os publicitários, são muito mais complexos do que aparentemente se nos afiguram, baseando-se em níveis sintáticos e semânticos profundos não explícitos nem, no geral, notados por quem os recebe (este é o mecanismo fundamental das *axiologias*, como veremos em seguida). Os textos são sempre baseados em conhecimentos prévios do leitor, isto é, são ricos em lacunas que o leitor preencherá com a sua *colaboração*. Definem-se em relação a outros textos, que citam, parodiam ou imitam, por vezes sem que os verdadeiros autores se apercebam.

Mesmo no plano puramente material e tipológico, não é fácil traçar os limites da textualidade publicitária. Hoje em dia, os suportes mais comuns da publicidade são o filme televisivo e a imprensa nos seus vários formatos; no entanto, também a afixação de cartazes (incluindo os de grande formato, os dísticos etc.) têm também um certo peso económico, assim como a publicidade radiofónica, postal ou via internet. Forma mais periférica e cada vez menos utilizada é a publicidade móvel (dísticos aéreos ou em veículos, prospetos etc.) e a publicidade áudio.

Como vimos, num certo sentido, textos publicitários podem ser todos os elementos comunicativos do *marketing*, desde a imagem institucional coordenada à utilização de estruturas e meios de comunicação aos quais se apõem marcas, da comunicação no ponto de

TEXTOS PUBLICITÁRIOS

venda ao eventual estabelecimento monomarca, já não falando dos produtos que se usam (sempre que visíveis após a compra e cuja marca permaneça evidente, como é o caso dos automóveis) ou da embalagem (exemplo dos produtos de grande consumo que se identificam largamente, como algumas embalagens de massas, de detergentes, de alimentos enlatados). Por mais que excluamos estes últimos elementos do verdadeiro discurso publicitário, o que provavelmente é legítimo se os consideramos na sua essência material, o certo é que muitas vezes eles estão representados *no* texto publicitário, que compreende quase sempre a marca, a imagem do produto (*packshot*) e talvez algum outro elemento da imagem coordenada como certas cores características ou um *lettering* próprio. Deste modo, o texto publicitário alarga-se até abranger a totalidade do aparato visual relativo a um produto ou marca.

Os diferentes suportes (ou, numa perspetiva semiótica, as diferentes *substâncias da expressão*), tendem normalmente a conviver lado a lado e a tornar-se portadores do mesmo conteúdo publicitário. A interação entre publicidade e imagem coordenada é frequentemente bidirecional: os vários elementos visuais que determinam a imagem do produto ou da marca (cores, marca, *lettering* etc.) estão sempre presentes no texto publicitário que, no entanto, pode ter força suficiente para modificar a sinalização empresarial através de uma imagem de particular impacto.

Desta simples enumeração (e da coerência enorme que vimos estabelecer-se entre suportes e formatos substancialmente diferentes) torna-se uma vez mais evidente a insuficiência de qualquer pretensão da existência de uma gramática (quanto mais de uma semântica) simples e geral do texto publicitário, tal qual se nos apresenta. Cada uma das diferentes substâncias da expressão publicitária (cada um dos diferentes suportes) possui uma forma própria que, conforme dissemos, resulta muitas vezes, de forma mais ou menos parasitária, das regras de comunicação inerentes a tal suporte. Para a realização de *spots*, a publicidade recorre a uma linguagem inspirada no cinema, na televisão, nos vídeos (nomeadamente nos *vídeo clips*). Já os anúncios de imprensa e os *outdoors* tomam de empréstimo os códigos do mundo da fotografia, da imprensa, etc.

70   SEMIÓTICA DA PUBLICIDADE

A densa demografia dos textos publicitários, juntamente com os efeitos da concorrência, faz com que estes tipos de linguagem, extraídos da comunicação geral, sejam variáveis e, eventualmente, empurrados para os seus limites comunicativos, na corrente de poderosos fenómenos de moda. Mas no geral, após algum tempo, estas inovações são reabsorvidas, ou porque entram no código e se banalizam, ou porque os textos publicitários regressam à fácil compreensibilidade dos códigos comuns e preferem ser facilmente compreendidos, mesmo à custa de parecerem banais, mais do que chamar a atenção arriscando não ser compreendidos.

Chegámos, assim, a dois importantes requisitos do texto publicitário: a *saliência percetiva* e a *compreensibilidade*. A perceção (ou, para sermos mais exatos, a *função fática* da comunicação) é o primeiro nível em que se desenvolve a concorrência entre as mensagens publicitárias. Para ilustrar esta afirmação, devemos ater-nos às definições fundamentais da relação comunicativa. Se consideramos determinada mensagem, podemos, e bem, discernir nela alguns *fatores*, que podem ser enumerados segundo o esquema – certamente discutível, cheio de carências, mas ainda assim útil – da autoria de Roman Jakobson:

	2. CONTACTO (CANAL)	
1. EMISSOR	3. MENSAGEM	6. DESTINATÁRIO
	4. CÓDIGO	
	5. CONTEXTO (CONTEÚDO)	

Para além do *emissor*, do *destinatário* e da *mensagem*, é também importante para qualquer texto o sistema de regras que determina a sua forma e capacidade de produzir sentido, isto é, o seu *código* (que, certamente, mais do que de acordo com a organização típica dos dicionários, de correspondência entre significantes e significados, deve ser pensado como o conjunto de uma complexa máquina sintática e de uma *enciclopédia* rica de informações sobre o mundo).

Há também um *contacto*, quer dizer, um canal que une material e visualmente de forma mais ou menos eficaz, o emissor ao seu público; além disso, faz obviamente parte essencial do funcionamento de qualquer texto a referência a coisas ou pensamentos, reais ou simplesmente possíveis. A este conjunto de conteúdos a tradição semiótica dá o nome (de forma aproximativa) de *contexto*. Cada um destes fatores corresponde a uma possível *função* de cada texto:

	2. FÁTICA	
1. EMOTIVA	3. POÉTICA	6. CONATIVA
(EXPRESSIVA)	4. METALINGUÍSTICA	
	5. REFERENCIAL	

A função *emotiva* (ou *expressiva*) diz respeito à capacidade que o emissor tem de se exprimir na mensagem, de expressar as suas emoções, os seus sentimentos, a sua identidade. A função *fática* consiste no processo de garantir o contacto (quando se diz «Estou» ao telefone, por exemplo). A função *metalinguística* define o código em uso e, por isso, implicitamente, as relações entre os interlocutores. A função *referencial* faculta à mensagem a possibilidade de se pôr em relação com o mundo, de transmitir alguma coisa. A função *poética* refere-se à organização interna da mensagem, a forma pela qual está concebida (Jakobson dá-lhe este nome porque a considera dominante em poesia e na arte, em geral, onde a mensagem comunica antes de mais com a sua forma). A função *conativa*, por seu turno, é a função pela qual se procuram efeitos sobre o emissor, se lhe dão ordens, conselhos etc.

É importante ter presente que qualquer ato comunicativo e, por isso, qualquer publicidade, contém, pelos menos em potência, *todos os fatores da comunicação e compreende todas as suas funções*. Não existe uma comunicação puramente fática, ou puramente referencial, poética etc. Para poder alcançar eficazmente um destes objetivos, todos os outros, em certa medida, devem ser perseguidos. Uma poesia deve falar de qualquer coisa (função referencial), uma encomenda deve conter alguma informação sobre o modo pelo qual deve ser efetuada (função referencial), uma confissão dirige-se a alguém para alguma finalidade (função conativa).

A publicidade nasce, sem dúvida, para exercer principalmente uma função conativa; o seu objetivo é a ação simbólica sobre o destinatário tendente a modificar o comportamento e pensamento deste. Contudo, também as outras funções são relevantes. Em primeiro lugar, e em termos mais específicos, as mensagens publicitárias, que competem com mensagens análogas e outras de diferentes tipos, e além disso normalmente não procuradas por quem as recebe, devem conquistar relevo percetivo, chamar a atenção, realizar a função fática. É preciso considerar seriamente o problema *semiótico* do contacto, em termos de atenção que deve efetivamente harmonizar-se com a mensagem: ele põe em dúvida todas as posições tomadas a respeito do público da publicidade tal como uma série de dispositivos a medem: não é o número de pessoas *expostas* a um texto publicitário – as pessoas que passam na rua onde existe um *outdoor* ou que estão numa divisão da casa onde uma televisão transmite publicidade – que constitui a sua audiência *real*, mas o número de pessoas que efetivamente *veem* a mensagem. E esta audiência é determinada pela eficácia da *função fática*.

A necessidade de ser notada faz com que praticamente não existam mensagens publicitárias sem imagens; a mesma razão justifica muitas vezes a presença de músicas, aumenta para além do razoável a dimensão dos *outdoors*, aumenta o som dos *jingles*, acentua as cores dos anúncios impressos, aumenta a frequência dos contrastes de enquadramento e dos movimentos de câmara nos *spots*: tudo mecanismos que agem para exaltar o impacto percetivo dos textos. Mas dado que até a surpresa chama a atenção, há anúncios que tentam afastar-se do grupo dos concorrentes adotando estratégias opostas: silêncio, pequenas dimensões, branco e preto ou cores pastel. Em todos estes casos, uma análise do funcionamento da publicidade ao nível da sua manifestação *plástica* (ou, como iremos ver, das bases percetivas da comunicação por imagens), tem resultados muito reveladores: nos textos publicitários, o trabalho do contacto interfere sempre com o do sentido.

TEXTOS PUBLICITÁRIOS

A *compreensibilidade* diz respeito à função metalinguística, que regula a comunicação do código empregue na mensagem, e a função poética relativa à elaboração «criativa» do texto e à sua organização interna independente da necessidade de significar. Quanto mais uma mensagem é dominada pela função poética, ou seja, quanto mais original e surpreendente, tanto mais se arrisca em termos de compreensibilidade, apesar de a nova forma adotada poder ajudar a exaltar a sua saliência percetiva. Quanto mais uma mensagem respeita as regras gramaticais correntes no seu meio, podendo chegar a declará-las explicitamente, ao repetir servilmente modelos muito conhecidos, por exemplo, tanto mais compreensível será, apesar do risco de banalidade e aborrecimento em que incorre.

Para analisar o funcionamento do texto publicitário, devemos considerar separadamente os diferentes níveis de análise. Para além do estudo do *significante* e da sua dimensão percetiva, que acabámos de ver, devemos abordar, em seguida, os níveis relativos ao *signo publicitário*, à *enunciação*, às *estruturas narrativas* e às *imagens*.

1. Signo publicitário

A primeira função de qualquer texto publicitário é a função sígnica, isto é, a capacidade de conduzir o *significante* (a presença física do texto) ao *significado* (a «outra coisa diferente da anterior»). Enquanto o mecanismo sígnico está extremamente difundido e toda a gente o pode ver – de nomes próprios a sinais de trânsito, marcas e mapas geográficos, fotografias e gestos –, a definição de «signo» é um problema bem mais intrincado, que podemos evitar discutir neste livro. Mas vale a pena sublinhar que as «outras coisas» a que os signos conduzem podem ser entendidas tanto como objetos do mundo (*referentes*), quanto como conceitos, palavras, experiências psíquicas (*significados*, em sentido próprio), e que a comunicação, principalmente a persuasiva, se baseia nesta ambiguidade. Deste modo, enquanto *significativos*, ou seja, capazes de dizer algo mais e diferente em relação à sua simples presença, todos os textos têm uma natureza sígnica. Porém, tal dimensão constitui muitas vezes apenas um aspeto de um funcionamento muito mais complexo, que abrange aspetos narrativos, valorativos, figurativos. Neste sentido, é legítimo considerar no seu todo como signos os textos publicitários, pelo menos quando vistos à luz dos seus níveis mais superficiais de funcionamento; esta redução pode ter utilidade sobretudo em relação aos textos mais simples, como certos anúncios impressos, marcas, etc. Especialmente no mundo da publicidade da moda e dos perfumes, encontramos muitas vezes textos narrativamente tão unitários e pouco articulados que podem ser proficuamente tratados como simples signos.

De qualquer forma, o signo publicitário tem sempre uma natureza articulada. A partir da definição de signo, podemos inferir que se trata, no geral, de algo (uma imagem, uma frase, uma marca, ou mais frequentemente uma mistura destes elementos, que podem estar contidos num filme publicitário ou num anúncio impresso) que *corresponde* ao produto ou marca publicitados: «um tigre» foi utilizado como signo de uma marca de gasolina numa célebre campanha publicitária do passado; a imagem de uma ginasta pode ser usada para publicitar uma marca de roupa; a fotografia de uma rapariga sorridente estendida na erva pode constituir o cerne de um anúncio de iogurtes; um grafismo curvilíneo como uma apóstrofe, mas colocada na horizontal, de forma ascendente, é a marca de um dos mais famosos produtos de vestuário desportivo.

Acontece com muita frequência que a imagem represente o ato do consumo e as suas benéficas consequências. Neste caso, a dimensão dominante da publicidade deixa de ser puramente sígnica, na medida em que entram em jogo sobretudo modalidades mais complexas de narração e de envolvimento do destinatário. Falaremos disto já em seguida. Em muitos outros casos, como o das marcas (pensemos na maçã multicolor dos computadores Macintosh ou na estrela da Mercedes, na ginasta que referimos, no *cowboy* da Marlboro ou em muita publicidade «abstratas» de perfumes), o signo pode ler-se mesmo sem fazer referência à dimensão narrativa ou à dimensão da relação com os agentes da comunicação. Nestes casos, a dimensão sígnica tem a sua autonomia.

No âmbito da linguística e da semiótica é corrente falar-se de «arbitrariedade do signo», do princípio pelo qual o aspeto dos signos linguísticos não é determinado pelo seu significado, mas pela história da língua e da relação de oposição e derivação que nela se desenvolvem; o mesmo é dizer: são *contingentes*, poderiam ser completamente diferentes do que são. Mas nem todos os signos são arbitrários, principalmente os signos publicitários, com a sua vocação de eficácia. De facto, nos signos publicitários há uma pesquisa contínua de *boa motivação*, isto é, de uma forma que ajude a identificar o produto ou a marca e que, sobretudo, contribua para a sua valorização. Williams (1978) propôs a ideia de que a publicidade, em termos gerais, tenta traduzir o produto num «correlativo objetivo» – expressão usada por Eliot (1963) para designar o procedimento poético que exprime em imagens concretas os conceitos e sentimentos do autor. Deste modo, determinadas qualidades mais ou menos abstratas que se pretende atribuir ao produto (excelência ou natureza, primado tecnológico são *figurativizadas* no signo publicitário: a naturalidade será uma flor, a energia, uma ginasta executando uma acrobacia. Trata-se, efetivamente, de uma extensão do procedimento, bastante comum, da *conotação*.

A conotação nasce da relação entre significante e significado. Casos há em que esta relação se nos afigura simples, direta, bem delimitada: falamos, então, de *denotação* de um signo. Noutros casos, o significante é usado para evocar significados mais amplos e vagos: a este *halo semântico* damos o nome de *conotação*. A fotografia de uma paisagem, por exemplo, pode indicar denotativamente (e a título indicativo) um determinado lugar, as montanhas Dolomitas, vamos supor; mas pode igualmente evocar conotativamente (e iconicamente) a natureza, a beleza, as férias. Um ramo de oliveira ou uma pomba estão conotadas com a paz, uma bandeira vermelha, com o socialismo.

Podemos resumir essa oposição num esquema simples. A denotação seria uma espécie de «núcleo duro» do sentido que seria acrescentado a uma área confusa e matizada da conotação.

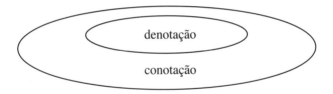

Referimo-nos a um ponto de vista racional, consentâneo com a interpretação tradicional, mas decididamente vago para a semiótica, que avançou, por sua vez, com uma hipótese alternativa. Segundo a análise semiótica proposta, pela primeira vez, por Barthes (1966), a conotação era considerada como um *efeito* de certa configuração da relação sígnica. Este facto tenderia a verificar-se sempre que um signo normal, isto é, *denotativo* (indicado no esquema seguinte pelo número 1 da linha inferior) se tornasse – na sua totalidade de significante e significado – o significante de um novo signo *conotativo* (signo 2).

2. signo conotativo	significante 2		significado 2
1. signo denotativo	significante 1	significado 1	

Por exemplo, um signo que, no seu todo, tem por significante uma certa organização de linhas e de cores e por significado uma pomba torna-se (graças à sua colocação sintagmática na história bíblica de Noé) significante de um novo signo, cujo significado é a paz; num contexto publicitário bastante corrente, o signo que identifica uma avó em certos traços de uma pessoa (a idade, os cabelos brancos, o tom de voz, o vestir um pouco antiquado) torna-se significante de um outro significado: a sabedoria, a experiência, os bons conselhos que podem recomendar determinado produto, e por aí em diante. Mesmo em exemplos tão simples torna-se evidente o peso *ideológico* da conotação e a sua importância para o *discurso persuasivo*. Este peso é particularmente digno de nota pelo facto de a conotação ser muitas vezes usada para sugerir significados sem os *revelar explicitamente*. Embora tratando-se de um halo semântico esfumado e vago, ele surge quase nas coisas em si mesmas, como se fosse objetivo. Não há publicidade, discurso político ou propaganda em que o papel da conotação não seja essencial.

É frequente desenvolverem-se, a partir do momento indicado, verdadeiras cadeias conotativas, que conduzem a fortes valorizações indiretas da comunicação. Este é o caso típico dos signos publicitários. Neles não há um único elemento que sirva de correlativo objetivo do produto ou da marca, mas toda uma rede de referências, que geralmente são redes de cadeias isotópicas (caracterizadas pelo insistente regresso de elementos que levam ao mesmo significado). Deste modo, é também usual que o signo conotativo do produto não tenha em comum com ele apenas o significado atribuído, mas também elementos extraídos do plano da expressão que se baseiam numa estratégia *metonímica* da contiguidade ou da parte para o todo: uma mulher que representa a feminilidade de um perfume poderá usar um vestido drapejado a fazer lembrar a forma do frasco de tal produto ou apresentar-se com flores semelhantes às que figuram na etiqueta, e como estes tantos outros exemplos. Esta redundância tem como função reiterar a ligação sígnica que se pretende estabelecer.

A nossa análise será posteriormente mais definida. A estrutura do signo conotativo faz com que o significante não se limite a designar o seu significado primeiro (algumas linhas e manchas de cor, por exemplo, podem significar um tigre, uma flecha, uma mulher), mas com que este signo possa ainda tornar-se, no seu todo, o significante de uma terceira coisa, normalmente um *valor* (potência, feminilidade, juventude, velocidade, etc.). O discurso publicitário utiliza a totalidade do signo conotativo, com os seus três termos, para evocar uma quarta coisa, o produto e a marca. Estamos, então, perante uma espécie de *dupla conotação*, em que um dado significante é usado para *unir um valor a um produto* (ou a uma marca, embora de momento, não façamos a distinção entre os dois):

3. signo publicitário	Significante 3 (signo conotativo)		Significado 3 (marca ou produto)
2. signo conotativo	Significante 2 (signo denotativo)	Significado 2 (valor)	
1. signo denotativo	Significante 1 (palavras, grafismos)	Significado 1 (objeto)	

Quanto mais numerosas forem as características comuns entre o nível 1 e o nível 3, mais fácil se torna unir num signo o que efetivamente é captado em tal comunicação – o tal correlativo objetivo que é uma relação pseudo-sígnica entre objeto representado (significado 1) e produto (significado 3) – e transformá-lo na relação «ideológica» que se quer estabelecer: uma outra relação pseudo-sígnica em que o produto (significado 3) se torna expressão do valor (significado 2). O cerne do signo publicitário atinge-se quando se consegue unir eficazmente o nível 1 com o nível 3, graças à saliência percetiva e à compreensibilidade do significante de partida, de que já falámos, mas, muitas vezes, graças também ao seu *fascínio*, isto é, a uma certa qualidade da mensagem, construída de forma a estar munida de *per si* de uma espécie de *sex appeal* (Volli, 1997).

É a este nível que se estabelece um *circuito sedutor*. A sedução pode ser pensada como uma comunicação essencialmente ativa e autorreferencial, capaz de mobilizar os sentimentos do destinatário em relação ao emissor. Para além da publicidade, há outros tipos de comunicação comercial que funcionam deste mesmo modo (o vitrinismo, a moda, a pornografia e, naturalmente, algumas relações interpessoais). Podemos caracterizá-la segundo os termos clássicos dos fatores de Jakobson, a que acima aludimos, considerando o caso em que as funções correspondentes ao código (metalinguística) e ao contexto (referencial) tenham sido pelo menos parcialmente neutralizadas. Em troca desta renúncia, a comunicação sedutora revela-se altamente recursiva.

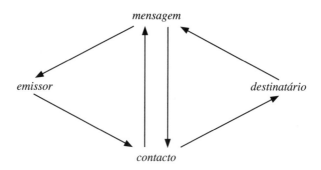

TEXTOS PUBLICITÁRIOS

Temos, então, um emissor que realiza um contacto a fim de enviar uma mensagem a um destinatário; mas esta mensagem consiste quase sempre no contacto em si; está destinada a produzir visibilidade ao mesmo emissor, com o qual o destinatário é convidado a entrar por sua vez em contacto. Se o fizer – compromete-se implicitamente – poderá *assimilar-se*, tornar-se semelhante ao emissor, ter, por seu turno, a mesma capacidade de seduzir e estabelecer contactos. O que neste circuito é decisivo é, por conseguinte, a forma da mensagem, a qual deve espelhar os valores expressivos do emissor, de maneira suficientemente evidente de modo a *impor* o contacto. O emissor, por sua vez, deve organizar-se de forma a permitir que as funções «seguintes» funcionem, devendo ser, por isso, de alguma forma *sedutor em relação a si próprio*, narcisista, capaz de se reconhecer inteiramente nos seus valores; e o destinatário participa na comunicação em troca de um desejo de posse e de assimilação. Um velho *slogan*, bastante feliz, pode exemplificar bem este tipo de comunicação pobre em conteúdo mas não em eficácia, em que os códigos são sacrificados em favor do contacto: «Aquele que me ama siga-Me», como se lia nos fundilhos de uns certos *jeans*[*] há alguns anos atrás.

Recapitulando: o emissor põe em prática uma comunicação fortemente *expressiva*, expondo as suas características como *valores*; propõe ao destinatário uma mensagem afim a tais valores, que se caracteriza por uma forte *visibilidade* (função *fática*). O conteúdo de tal mensagem é uma narração, que constrói um *mundo possível* em que os valores em questão são partilhados, praticados, distribuídos. Ao destinatário é proposto *assimilar-se* neles, num sentido que se aproxima a um «entrar para o grupo». E isto é fácil; ninguém precisa esforçar-se: basta executar a ação mágica (compra, voto, adesão etc.) que garante tal ingresso. O gesto é *mágico*, não causal: não se está a defender que a compra desde ou daquele *whisky provoque* a riqueza; mas simplesmente, são os ricos que o bebem. Basta acreditar: o efeito placebo torna-nos efetivamente mais felizes. Só os desmancha-prazeres é que não percebem isso.

---

[*] O autor refere-se à marca «Jesus Jeans», cujo *slogan*, criado por Oliviero Toscani, ficou conhecido pelo seu caráter polémico (*N. T.*).

80 SEMIÓTICA DA PUBLICIDADE

Mecanismo semelhante ao da sedução está presente na comunicação que poderíamos definir como pornográfica, em que um desejo é exacerbado pela visualização da sua satisfação virtual. No caso da pornografia propriamente dita, o desejo erótico é suscitado através da imagem da sua realização de forma delegada (uma relação sexual, em que, naturalmente, dada a objetivação do texto, o espectador não pode participar *realmente* – mesmo que, por absurdo, fosse ele o representado – mas que lhe deixa espaço para se *ligar* ao seu interior com a imaginação; algo semelhante se encontra em boa parte da comunicação publicitária).

2. Imagens

Por razões de projeção percetiva e de interesse, praticamente todos os textos publicitários (salvo os radiofónicos) contêm imagens. Trata-se normalmente de textos sincréticos, que integram partes escritas ou verbais: nos anúncios impressos, por exemplo, para além da imagem (*visual*), figura um título (*headline*), um texto explicativo mais ou menos consistente (*bodycopy*), uma marca (*trademark*), um slogan ou promessa que acompanha este último, usualmente designado *pay off* ou *claim*.

Como tivemos ocasião de ver ao falar do signo, a imagem assume uma importância especial, já que a questão não costuma ser simplesmente a de *ilustrar* o produto, segundo a lógica da valorização prática, mas também, e principalmente, de tornar visível o seu valor. Este processo realiza-se normalmente segundo a modalidade do semissimbolismo, relevante em numerosas comunicações de natureza visual, auditiva, metafórica etc.: trata-se de um regime de comunicação em que o plano da expressão e do conteúdo, mesmo que autónomos entre si, estão sistematicamente ligados pela correspondência entre as categorias que os estruturam. Assim, na pintura religiosa europeia, a oposição entre alto e baixo, que logicamente se manifesta na superfície da pintura, corresponde à oposição entre celeste e terrestre ao nível do conteúdo; nas imagens a cores, o contraste entre cores quentes e cores frias corresponde frequentemente à oposição entre euforia e disforia, assim como entre claro e escuro, entre os modos musicais maior e menor. O princípio pelo qual a organização da expressão, principalmente visual, se encontra em relação de correspondência pelo menos parcial com a dos conteúdos é fundamental em publicidade. Um bom texto publicitário de caráter visual é capaz de induzir no leitor, através do nível mais simples da forma da expressão, e ainda antes de terem entrado em jogo os conteúdos precisos da imagem, certas posições de sentido, como alegria ou paixão, serenidade ou ritmo.

Este nível elementar da forma da expressão das imagens designa-se *plástico*, e ao seu estudo denominamos *semiótica plástica*. Tal estudo aborda a figura como uma superfície bidimensional caracterizada por gradientes e diferenças de cor e textura que produzem a aparência de linhas, superfícies ou figuras. Podemos identificar três grandes grupos de categorias relevantes: as topológicas, que dizem respeito à distribuição espacial das figuras no texto (a parte superior e inferior, direita e esquerda, periférica e central, delimitador e delimitado); as eidéticas, relativas aos contornos e às linhas e, especialmente, às suas características (se curvas, retas, contínuas ou quebradas); e, por fim, as categorias cromáticas, respeitantes à presença das cores na superfície, sua quantidade, intensidade e saturação. A aplicação concreta destas várias categorias à imagem produz *formantes plásticos*, ou seja, complexos percetivos que, numa imagem, podem ser interpretados como capazes de veicular sentido: um olho, um sol etc. Mas é no nível *figurativo* que o sentido das imagem se manifesta, pois é nele que entra em jogo o conhecimento visual que cada pessoa tem do mundo a partir de certos estereótipos e, talvez também, da influência *intertextual* das inúmeras imagens presentes na nossa sociedade. É claro que todas as imagens, salvo as «abstratas» – presentes nalguns tipos de pintura ou em esquemas e diagramas –, são interpretadas a nível figurativo, como se pretendessem mostrar uma parte do mundo. Com efeito, boa parte do sentido explícito das figuras passa a este nível. Mas é na dimensão plástica que se concretizam as relações semissimbólicas, que tanta importância têm para o funcionamento dos signos publicitários. É justamente neste nível que se analisam as marcas e os escritos que aparecem nas imagens publicitárias. Porque é através da dimensão plástica e da sua

82 SEMIÓTICA DA PUBLICIDADE

organização semissimbólica que normalmente passa a comunicação emotiva e a identidade de uma marca.

3. Enunciação

A análise do caráter sígnico dos textos publicitários revela um nível de funcionamento sem dúvida presente e eficaz, mas, no fundo, um tanto elementar: a capacidade que estes textos têm de ser persuasivos uma vez que são capazes de representar de forma estática significados mais ou menos sedutores. Veremos em seguida como é que a análise se torna mais penetrante quando considera a capacidade de os textos evocarem sequências de ação, isto é, de contar histórias. Mas antes consideremos uma dimensão já bastante mais rica do texto publicitário, que o coloca no eixo comunicativo da *enunciação*, isto é, que analisa o seu papel no interior da comunicação. É um campo de análise a que já aludimos vagamente ao falar do *circuito sedutor*, mas que agora vale a pena aprofundar. É certo que os signos também vivem na comunicação, mas a análise da enunciação é a que dá conta da maneira pela qual a relação de comunicação é refletida ou simulada, ou, em certo sentido, deformada no interior dos textos.

Os textos manifestam-se sempre na sequência de procedimentos de objetivação (em semiótica designados *débrayage*, ou *afastamento*), que os afastam do enunciador e, simultaneamente, do enunciatário. Os textos têm sempre uma certa autonomia e objetividade, o que significa que existem independentemente de quem os produziu e daqueles a quem se dirigem numa primeira instância: estamos perante uma característica que Platão já notara (e condenara) a propósito da escrita e que caracteriza fortemente a dimensão textual. É importante atentar neste aspeto: no exato momento em que determinada intenção comunicativa se realiza num texto em que, por exemplo, a exigência de comunicar um produto por parte de uma empresa dá lugar a uma publicidade, esta escapa ao controlo e até mesmo à ligação com os seus produtores, torna-se efetivamente *pública*, uma *res nullius* à disposição de qualquer pessoa que esteja ao seu alcance: pode ser mal interpretada ou utilizada, copiada ou ignorada, adorada ou repudiada. Diferentemente do sujeito que a

TEXTOS PUBLICITÁRIOS

produziu, um texto não pode reagir às circunstâncias e «repetir sempre a mesma coisa», como escreve Platão.

Todavia, os textos conseguem produzir simulacros de enunciador e enunciatário no seu interior, signos que designam os interlocutores. É o chamado fenómeno de *embrayage*, que em muito condiciona a capacidade de os textos produzirem efeitos reais, passionais etc. – todos eles modos de ação importantíssimos em publicidade. Para representar o enunciador, os textos recorrem a vários dispositivos, desde a palavra «eu» à assinatura, do autorretrato eminentemente explícito de alguns quadros (pensemos no caso, já muito estudado, de *Las Meninas* de Velásquez), ao *olhar para a câmara* das imagens fotográficas ou televisivas. A assinatura aposta numa carta, num quadro ou num cheque, a marca num produto (e na sua publicidade) e as apresentações que antecedem uma conversa são outros exemplos do trabalho que se pode fazer *nos* textos para os associar ao emissor. No entanto, estes mesmos exemplos revelam-nos o quão vulneráveis são os referidos processos: não só o falsificador ou o trapaceiro, mas também o autor literário, o ator de teatro ou o jovem que usa um pseudónimo nos *chats* recorrem a processos de *embrayage* para criar uma falsa identidade por intermédio do texto.

Dissemos que a semiótica encontrou *dentro* do texto (ou seja, a mensagem de Jakobson) *simulacros* da comunicação. É o caso do par destinador-destinatário no esquema actancial de Greimas (1974), de que iremos falar; do par autor-modelo – leitor-modelo (ou seja, as características que permitem identificar no interior do texto um papel e uma autodefinição do autor e um sistema de competências e de expectativas no leitor), proposto por Umberto Eco (1979); e, principalmente, da consideração tantas vezes atribuída à simulação mais ou menos virtual da situação comunicativa no interior dos textos (com o modelo de «conversa audiovisual» de Bettetini e respetivas variantes). Daí surge um esquema que não se aplica somente à comunicação literária, mas também a fenómenos aparentemente muito mais simples, como a condução de um telejornal e o funcionamento de uma publicidade. Em termos gerais

$$E_1 \Rightarrow [\, E_2 \Rightarrow (E_3 \Rightarrow D_3) \Rightarrow D_2] \Rightarrow D_1.$$

O emissor empírico E_1 faz-se representar por um emissor delegado E_2, fazendo o mesmo com o destinatário. Por exemplo, uma dada empresa E_1 apresenta-se sob a forma de uma marca E_2 e tenta definir o seu público alvo D_2 que, em princípio, não coincide com os adquirentes reais do produto nem com os espectadores do *spot* (D_1). A relação entre eles pode ser representada por comunicadores ficcionais de diversa ordem, desde o clássico vendedor de dois artigos ao preço de um, aos diferentes tipos de entidade mágica (E_3) que submetem aos seus tratamentos a igualmente clássica dona de casa (D_3).

O esquema mais completo deste campo complexo e fascinante foi proposto por Bettetini (1984, p. 100), que aqui repropomos com algumas variantes:

SUJEITOS ATIVOS NUM CIRCUITO TEXTUAL

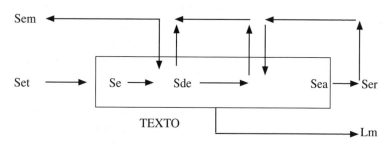

«Set» corresponde ao sujeito empírico transmissor (uma dada empresa ou a sua agência publicitária ou uma emissora televisiva); «Ser» representa o sujeito empírico recetor (um telespectador, por exemplo); «Sem», o sujeito enunciador modelo, construído pelo destinatário no seu impacto e no seu trabalho com a superfície significante do texto (suponhamos uma determinada «imagem» do que é «*a* marca»); «Se» é o sujeito enunciador, tal como nos pode aparecer na transmissão (o vendedor fictício, o ajudante mágico); «Sde» é o sujeito do enunciado (aquilo de que se fala, o produto, por exemplo); «Sea» é o sujeito enunciatário (o comprador representado, imaginemos); «Lm» é o leitor-modelo que o texto no seu todo produz como competência e interesse necessários para a sua compreensão.

TEXTOS PUBLICITÁRIOS

A abordagem semiótica consiste, então, em sublinhar a *autonomia* do texto e o caráter *simulacral* ou *construído* dos sujeitos que figuram na comunicação. Tal abordagem, verdadeira teoria da comunicação, constitui uma visão de grande utilidade na análise de numerosos fenómenos de comunicação, entre os quais a publicidade. Esta última, desde logo, testemunha o jogo de identidades característico da situação fictícia (quando o ator x *é* a personagem y), das situações comerciais ligadas à criação de sujeitos comunicativos (as marcas, tipicamente), dos jogos de narração dos textos (a primeira pessoa do narrador, o encaixar dos discursos que as personagens narram posteriormente). Não se pense, porém, que estes esquemas ignoram o facto de a comunicação – especialmente a publicitária – se realizar sempre com vista à obtenção de um determinado efeito no mundo real.

O que é, afinal, o *leitor modelo* de Eco se não uma «estratégia textual» a que o autor *empírico* (ou seja, extratextual) recorre mais ou menos conscientemente, para um cálculo referente a destinatários igualmente empíricos? Por outras palavras, usamos esta terminologia para assinalar as marcas do facto de o autor *tomar em linha de conta* aquilo que os seus eventuais leitores – aqueles que ele gostaria que o fossem, isto é, pessoas que já existem antes do texto e pelas quais o autor gostaria de ser lido – sabem, querem, em que acreditam, etc. O que significa que no texto vamos encontrar os simulacros de uma *dupla representação* do processo comunicativo: a representação pela qual um público potencial é *refletido* na estratégia do autor que, por sua vez, *deixa marcas* no texto. Se ignoramos que os simulacros da enunciação presentes no texto são construídos justamente com o intuito de representar, com esta complexidade, os terminais empíricos da conversação, não poderemos compreender o funcionamento de muitos textos, em particular dos textos publicitários. E se, por seu lado, o texto calcula mal o modelo dos seus destinatários e não os representar corretamente, tenderá a falhar, como bem o sabe quem estuda a relação entre as marcas e o público, ou com os autores narrativos. Porém, é preciso ter em conta que o leitor-modelo não corresponde de forma alguma ao público-alvo da publicidade; ele representa as competências, os desejos, a autocompreensão que o leitor deverá possuir para interpretar devidamente a mensagem; não constitui, de maneira nenhuma, uma fotografia das pessoas que efetivamente a irão receber, nem daquelas que o emissor empírico (a empresa, a agência) gostaria de ter como recetores. Verifica-se normalmente uma separação sistemática entre os dois termos, que se revela, por exemplo, na decisão de se mostrar «jovem», «culto» ou «americano» a um púbico alvo geral que não partilha as mesmas qualidades.

Em publicidade, o dispositivo típico de representação do enunciador (nas suas variantes, o enunciador empírico – a empresa – o representado – a marca, e o produto, que se situa entre os dois) é fortemente redundante. De facto, nos textos visuais, tal dispositivo compreende a *trademark* (a marca de fabrico), o logotipo (nome de marca), *packshot* (a imagem do produto, que quase sempre traz bem visíveis os dois primeiros elementos), para além dos signos eventualmente codificados como *correlativos objetivos* da marca. Nos textos que integram uma dimensão sonora, o simulacro tende a tornar-se também vocal ou musical (nos *jingles*); nos textos escritos, o nome da marca situa-se muitas vezes no título (*headline*) ou no corpo do texto (*bodycopy*); quando estamos perante uma narração, aparece vulgarmente o produto ou um seu representante figurativizado de maneira antropomorfa (como veremos de seguida).

Note-se que muitas vezes o simulacro do enunciador publicitário não é referencialmente transparente, isto é, não corresponde à realidade económica e jurídica do enunciador real (aquele que mandou produzir e transmitir a mensagem): por outras palavras, a marca é frequentemente um puro dispositivo de comunicação, concebido especificamente para que o texto e o produto sejam *atribuídos* a determinado enunciador: nos anúncios publicitários vemos figurar como emissor um nome que não corresponde nem a um sujeito económico nem jurídico, mas tão-só comunicativo. Na realidade, uma parte significativa da publicidade tem precisamente a função de credibilizar a existência destes simulacros de enunciadores (e de produtores, naturalmente), que têm funções complexas no *marketing*. Abordaremos este aspeto de seguida, quando falarmos da marca.

TEXTOS PUBLICITÁRIOS

O enunciatário pode também ser representado de diversas formas consoante os diferentes tipos de texto: do «tu» da conversa informal, aos «leitores» utilizados nos romances, à *interpelação*, pela qual o discurso se dirige a uma certa categoria de pessoas que o texto define (pensemos no vocativo típico da oratória). Os casos de maior interesse vamos encontrá-los nos textos narrativos, com a figura da *ligação* do leitor a uma personagem (ou seja, o processo, normalmente favorecido pelo texto, por meio do qual o «usufrutuário» se identifica com uma personagem, estimando-a e acompanhando os seus estados de espírito), e nos textos visuais, com a utilização mais ou menos audaciosa do circuito semiótico do olhar.

Não raro o texto publicitário (seja ele um anúncio impresso, radiofónico ou televisivo) tende a *figurativizar* o destinatário, contendo a representação de uma personagem em que o consumidor é induzido a reconhecer-se, quer nos casos (mais comuns) em que a personagem consome o produto e se declara satisfeita com isso, quer naqueles em que se dedica a outras atividades mais ou menos ligadas ao produto, como ocorre no contexto da lógica do correlativo objetivo. E dado que nos textos publicitários a representação é orientada por uma atitude geral de euforia, esta personagem tenderá a ser mais bela, feliz e rica que os seus correspondentes reais. Por outras palavras, esta figurativização é sempre idealizada e eufemística, mas alguns dados fundamentais (sexo, classe social, nacionalidade, idade), assim como algumas características de natureza sócio-psicológica (um certo modo de estar na sociedade, a atitude perante o consumo, etc.) são de algum modo preservados, a fim de que a identificação possa facilmente estabelecer-se.

Além disso, o que mais importa neste processo de identificação não são tanto as características positivas da personagem, quanto o *sistema de relações* em que está inserida (família, casal, colegas de trabalho), o que faculta mais do que uma identificação em relação ao mesmo texto (na publicidade de alimentos infantis, há um lugar para a mãe, interpelada pela sua preocupação com a saúde do filho, mas também para este último, que se apresenta como apreciador deste ou daquele sabor).

Digamos que, mais exatamente, serão conservadas as características que o enunciador empírico (a empresa) reputa desejáveis e representativas do seu público, pelo que a personagem não retratará o público alvo, mas a imagem idealizada de si que o enunciatário considera poder ser aceite pelo público-alvo e que, simultaneamente, é coerente com os valores da marca. Deste modo, é necessário reafirmar que o que aqui está em causa não é o *leitor-modelo* de Eco, nem o público alvo, mas uma representação narrativa cujo sentido é *associar* o enunciatário a certos valores, a fim de a tornar coerente com a oferta comercial. Isto significa que a personagem representada não é *exterior* a quem a lê, pelo menos do ponto de vista da comunicação, se não do material: as suas vicissitudes, a sua angústia inicial que se resolve graças ao uso do produto são representadas de maneira a *contagiar* o consumidor.

É interessante notar que, por via de regra, tal representação é implícita, isto é, não há dispositivos explícitos no texto enunciado que contenham a palavra «tu»: o representante do enunciatário é proposto de forma aparentemente objetiva. Mas deixa-se ao enunciatário a tarefa de se *relacionar* devidamente com o texto, reconhecendo nele de forma mais ou menos consciente ou seus simulacros ou representantes. Contudo, este trabalho é fundamental: boa parte do sucesso dos *spots* consiste em encontrar as condições (de gosto, simpatia, classe social, valores culturais) capazes de desencadear o estímulo pelo qual o texto publicitário não é uma narração qualquer mas um exemplo que *diz respeito* aos seus leitores.

Um mecanismo capaz de desencadear tal processo de ligação é o chamado *desejo mimético*: como foi largamente admitido por filósofos, psicanalistas e antropólogos (cf. Volli, 2002), uma dimensão fundamental do desejo é a do «desejo do desejo», isto é, de um desejo que se projeta sobre o desejo de outrem, seja de forma especular (desejar ser desejado), seja de forma mimética (desejar o que é desejado por outros, precisamente porque assim é). A representação do desejo (e do prazer de consumir, que lhe corresponde) em personagens fictícias pode, por si só, produzir esse desejo no leitor real, através de uma dialética de identificação, rivalidade e inveja. A personagem é construída como «duplo» do enunciatário por suscitar tal desejo. Da dinâmica do desejo faz também parte o prazer, que a publicidade costuma conceber como *satisfação* de um desejo, e que só o produto permitirá facultar. Na narração publicitária o desejo costuma ocupar o lugar inicial, aquele que, em semiótica, é atribuído ao *contrato*, enquanto o prazer constitui a *sanção* final do processo. Voltaremos depois à análise do aspeto narrativo deste ciclo. O que importa aqui salientar é o caráter *contagioso* que prazer e desejo assumem em publicidade, e que lhes permite superar, por assim dizer, a barreira da enunciação.

O mecanismo visual de identificação é igualmente complexo. Enumeremos os principais fatores que entram em jogo, ou melhor, os vários «sistemas observador/observado» que se constituem (Eugeni, 1999). Em primeiro lugar, cada imagem prevê uma utilização material específica, que implica uma *colocação*, ou seja, em termos de conceção a imagem insere-se num determinado sistema material de observador/observado: um *outdoor* é concebido para ser visto de longe, normalmente a uma altura ligeiramente superior à dos olhos; um anúncio impresso está, por sua vez, projetado para ser olhado de cima para baixo e segundo dimensões muito mais reduzidas; um fresco pintado numa cúpula pressupõe um olhar quase vertical de baixo para cima; um quadro impressionista só a alguns metros de distância se consegue ver bem; já uma miniatura holandesa exige uma observação muito mais próxima. Como vemos, há um ponto, uma zona do espaço físico que é requerida pelo texto visual para assumir um lugar privilegiado de observação. Este ponto pode ser socialmente significativo: um olhar vindo de baixo corresponde à posição dos fiéis perante o altar, ou dos súbditos perante o trono; um olhar próximo sugere familiaridade.

A um segundo nível, a maior parte das imagens é construída de modo a fazer referência mais ou menos explícita a um observador que, se bem que exterior ao texto, está virtualmente inserido no seu espaço: os objetos representados são vistos segundo um dado escorço, isto é, a organização em perspetiva da representação implica uma certa posição, indicada não explicitamente mas virtualmente no interior do espaço da imagem como origem do olhar (uma cena pode ser *enquadrada* de cima para baixo, abertamente ou através de algum obstáculo – o buraco da fechadura, pessoas que se interpõem –, frontalmente ou de lado, de perto ou de longe). Esta determinação espacial reporta-nos, de igual forma, à ideia de papéis sociais. O sistemático enquadramento orientado de baixo para cima que encontramos em vários anúncios de doçaria, pressupõe a perspetiva de uma criança, assim como a representação de um automóvel a partir do interior fala a alguém que se vê já no papel de proprietário.

A um nível mais avançado de usufruto da enunciação, as personagens podem dirigir o olhar para um espaço virtual que *serve especificamente para* o enunciatário – como fazem os apresentadores de televisão –, gesticular, dirigindo-se a ele e, inclusive, falar-lhe. A coerência entre o lugar *físico* do observador (que pertence ao espaço real) e o lugar *virtual* a que a representação se refere (e que pertence, por sua vez, ao espaço representado) é construída com cuidado em muitos exemplos de texto visual eficaz e constitui um elemento poderoso de eficácia semântica da imagem. Se os dois lugares estão em contradição, tende a prevalecer o representado: o enunciatário vê as imagens do ponto de vista que o texto lhe atribui. Na maior parte dos casos, este ponto de vista não é de forma alguma neutro; implica, isso sim, uma posição subjetiva, uma espécie de história implícita, e força o observador a assumir uma posição narrativa, um papel no conto. Por exemplo, perante uma fotografia que capta o primeiro plano de um rosto com o olhar dirigido para a câmara, voltado para o enunciatário, este é colocado numa posição de intimidade em relação à pessoa representada. Mas se esta é vista de cima para baixo e talvez se apresente como portadora de elementos passionais (um olhar lânguido, uma boca sensual), eis o enunciado envolvido implicitamente numa relação erótica (virtual) – como acontece no caso de muita publicidade de perfumes.

De facto, em terceiro lugar, as personagens do texto visual apresentam-se também como sujeitos de um olhar, portadores de um sistema observador/observado. E o enunciatário pode ser envolvido nisso, surgir como aquilo que é olhado (de certa forma naturalmente) por umas das personagens (entre as quais se podem encontrar, implicitamente, os seus representantes). Ou então um deles pode imitar o seu olhar, olhar por ele.

Este cruzamento de olhares pode funcionar de maneira assaz complexa e diferenciada. Um quadro religioso pode colocar o enunciatário na posição do fiel, um outro de carácter político pode fazer dele um súbdito de um monarca, uma imagem pornográfica pode atribuir-lhe o papel de amante de uma mulher lindíssima ou remetê--lo à sua condição real de *voyeur*. O mesmo acontece com as imagens publicitárias. A possibilidade de integrar virtualmente o enunciatário no espaço da representação e de lhe atribuir de forma igualmente virtual certas relações com objetos e personagens, e até de o *interpelar* segundo uma certa posição (por exemplo, um enquadramento aproximado evoca implicitamente a intimidade, um dado filme publicitário em movimento pode fazer do enunciatário o passageiro de um comboio ou o condutor de um automóvel), tem importantes consequências ao nível da eficácia dos textos publicitários, normalmente sublinhando o momento do desejo, do consumo ou da sanção que o segue.

4. Narrações

Na análise semiótica, o texto publicitário apresenta uma natureza principalmente *narrativa* – segundo uma hipótese de carácter muito amplo que vê na narração um mecanismo muito propagado, se não mesmo universal, de geração de sentido. Afirmar a natureza narrativa do texto publicitário significa atribuir-lhe uma estrutura análoga à das histórias, uma estrutura não manifesta, *imanente*. A questão não se centra, unicamente, no facto de a superfície textual descrever, o que sucede correntemente, *mundos possíveis* que diferem do mundo real, em que ocorrem situações suficientemente coerentes para dar lugar a uma história completa e certamente fascinante, em que o produto ajuda o consumidor a obter algo desejável, ele mesmo objeto de desejo. Esta é a forma pela qual os publicitários costumam descrever o seu trabalho: falando do «mundo» de uma marca. Mas do ponto de vista semiótico o problema que se coloca não é esse, mas o de saber se é possível identificar no texto publicitário os mecanismos constitutivos da narração, e se esses mecanismos facultam uma melhor compreensão do texto.

Vejamos, como exemplo, o esquema narrativo canónico, tal como foi reformulado pela semiótica generativa (Greimas, 1974).

ESTRUTURA SINTAGMÁTICA DA NARRATIVA

A ideia de fundo é a de que o cerne de qualquer tipo de história consiste numa determinada ação (a *performance*) que conjuga o *sujeito* que a realiza com o que de concreto ou abstrato possa representar para si o *valor* (que pode ser a liberdade ou a riqueza, a mulher amada ou rios de dinheiro). Mas porque, de entre todas as coisas do mundo, foi aquela e não outra a eleita como *objeto de valor*, é preciso estabelecer uma espécie de *contrato* em que o sujeito se compromete a obtê-la, perante si próprio ou perante outro *destinador* (que possivelmente o *manipulou* anteriormente com vista ao estabelecimento desse mesmo compromisso). Nesta fase estão em jogo dois estímulos para a ação: o *dever* suscitado pelo contrato e o *querer* que lhe corresponde na subjetividade de quem pratica a ação. Após estabelecido o contrato, o sujeito pode não estar imediatamente preparado para atingir o seu objetivo; precisa, muitas vezes, de encontrar os meios, obter auxílios, acumular um *saber* ou um *poder*. Esta fase costuma ser caracterizada pela aquisição de uma *competência*, que pode ser prática ou cognitiva. Por fim, a realização do objetivo pode não ser suficiente para que o destinador reconheça o cumprimento do contrato. Pode haver mal-entendidos, podem interpor-se usurpadores ou caluniadores. Deste modo, a conclusão do contrato constitui uma fase à parte, a *sanção*.

TEXTOS PUBLICITÁRIOS

É interessante notar que cada passagem pode ter um desenlace negativo: a tentativa de manipulação pode não resultar num contrato; as ocasiões para acumular competências podem ser desaproveitadas (os contos falam-nos correntemente das falsas partidas que se explicam pela escolha do herói errado, que não sabe aceitar os desafios ou não consegue ultrapassar as fases iniciais); a ação decisiva da *performance* pode não ser bem sucedida, ou pode faltar a sanção (histórias essas de falhanços mais ou menos nobres). Contrariamente, cada fase *pressupõe* as anteriores, mesmo que estas não sejam explicitamente referidas: assim, se um objeto de valor é procurado, quer dizer que houve um contrato, ainda que tácito; se se chega à ação pretendida a competência foi adquirida, mesmo que a história não o mencione; se a sanção foi positiva, quer dizer que a *performance* foi realizada, embora talvez não da forma como o destinador o sabe ou acredita.

Por vezes, o texto publicitário pode tornar manifesto todo o esquema narrativo, em particular quando, numa estratégia de tipo *lúdico*, a função da história é a de angariar simpatia pelo produto ou a marca em questão. É o caso corrente das histórias em série, como as «sagas». Porém, em termos gerais, as razões de espaço e as imposições de ritmo implicam que alguns passos permaneçam implícitos. As formas narrativas diversificam-se notoriamente. Entre as mais típicas, citemos as seguintes:

- *Contrato-sanção*: a marca (muitas vezes através de um representante figurativizado) propõe explicitamente um contrato ao cliente. Porém, se formos a ver, só raramente se propõe a si própria nos mesmos termos em que propõe e provoca a ação (aquilo a que, em semiótica, chamamos *destinador*), embora aparentemente possa parecer que a distribuição dos papéis é efetivamente esta. Em textos inúmeras vezes repetidos – como aqueles textos das embalagem de detergentes que são oferecidos em troca de dois detergentes anónimos –, o sujeito oferece-se como sujeito passivo do contrato (o que se compromete a realizar a *performance*), comprometendo com isso o cliente na função de destinador. Por vezes, o contrário assume o caráter de *desafio*, dado que o compromisso assumido é tematizado como «incrível» ou «portentoso». A sanção, isto é, a satisfação do cliente, mostra que a aposta tinha fundamento.

– *Competência*: frequentemente o anúncio serve não tanto para apresentar as propriedades centrais do produto, como a competência da marca. Deste modo, pode apresentar-se a marca como conhecedora das necessidades do consumidor, como algo bastante difundido, ou exibir-se uma *performance* do cliente (o êxito de uma sedução, o sucesso entre os amigos, etc.) da qual o produto constitui o elemento de competência. Uma variante é a reivindicação de competência por parte de um «autor», estilista, produtor ou industrial, que «assina» o produto, «garantindo-o» desta forma. Neste caso, a competência assume um caráter contratual.

– *Sanção pura*: muitas vezes aquilo que se exibe no texto publicitário – ou o que é pertinente ao produto numa narração mais complexa – é simplesmente a satisfação do consumidor, que normalmente se exprime sob a forma de aquisição. A reivindicação de fenómenos de moda («toda a gente compra o produto x») tem, no fundo, este sentido. Até a representação do ato do consumo, hoje em dia mais rara que noutros tempos, assume, de um modo geral, um valor sancionatório. Não é tanto a capacidade do produto em realizar uma *performance* que é evidenciada (alimentar, viajar, etc.), o que se subentende, quanto a satisfação do consumidor no momento do consumo, espécie de sanção imediata.

Tomemos agora em consideração a estrutura actancial correspondente ao esquema narrativo que acabámos de descrever. Os actantes são *posições sintáticas* que as personagens de uma história podem ocupar no decurso da narração. Já nos referimos a algumas delas. Vale a pena sublinhar que, particularmente na fase da aquisição da competência, é importante para o sujeito obter o apoio de «ajudantes» – humanos, animados ou mesmo seres representados por objetos (espadas, máquinas, varinhas mágicas). E, naturalmente, temos também os «opositores», que tentam impedir a ação do sujeito ou disputam com ele o objeto de valor.

ACTANTES NARRATIVOS

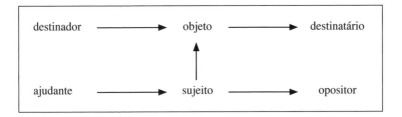

A maior parte dos papéis assumidos pelo produto e pela marca na publicidade resultam do que até agora foi dito. É evidente que qualquer texto publicitário é realizado pela sociedade que comercializa a marca, os produtos ou os serviços publicitados. Este papel de comitente pode obviamente ser interpretado (por exemplo, pondo de lado o papel da agência e dos meios), com algumas simplificações, segundo a posição comunicativa de *emissor empírico*, como vimos quando abordámos o tema da enunciação; mas não seria acertado transferi-la automaticamente *para dentro do texto*, tomando a marca por *destinador*. Entre a dimensão comunicativa empírica (enunciativa), pela qual – ainda com algumas simplificações – o texto publicitário é uma mensagem transmitida por um emissor (a marca) a um enunciatário (o consumidor), e a organização enunciativa do texto, pelo qual existe um objeto de valor que circula entre um destinador e um destinatário, há uma passagem fundamental: a *débrayage*, que separa o sujeito da enunciação do sujeito do enunciado, e provoca a espacialização e a temporalização do enunciado.

Uma narração torna-se verdadeiramente tal quando cria o seu espaço e o seu tempo, autónomos em relação àqueles de quem narra, quando, enfim, se *separa* das intenções, dos projetos e das ideias que a motivaram, quando consegue funcionar por si própria. Se a história recorre eventualmente ao sujeito enunciador (sob a forma de narrador, por exemplo), ele será *uma personagem como as outras*, com características fictícias, não havendo qualquer garantia de que corresponda ao emissor empírico e, no entanto, corresponde à lógica da história, mesmo afirmando ser o seu autor. A este segundo processo eventual que reporta o sujeito ao seu texto dá-se o nome de *embrayage*. É importante notar a frequência com que o texto publicitário recorre ao *nesting*, pelo qual diferentes níveis de enunciação e diferentes pares de *débrayage* e *embrayage* estão entrelaçados um no outro.

Em conclusão, e como veremos melhor de seguida, a marca figurativizada (representada por alguma figura, como um *testimonial*[*], uma mascote ou a própria marca) no interior do texto publicitário – sob a forma de marca, *packshot* ou por intermédio de um representante – nunca se confunde com o emissor empírico da narração publicitária, mesmo que não exista qualquer diferença económica ou jurídica entre marca e empresa (como aliás frequentemente acontece, e que vemos em casos como a Fiat/Alfa Romeo, a Ferrero/Kinder, entre outros). Desta forma, a marca não assume, no geral, o papel de destinador, se não quando (bastante raramente) o faz *explicitamente* no interior da narração publicitária, introduzindo, por exemplo, uma contratualidadde explícita como ocorre com os concursos com prémios.

É muito mais comum o destinador invocado pela publicidade ser o próprio consumidor, que *pretende* que certos valores sejam realizados (a limpeza doméstica, a saúde dos filhos, etc.) *impondo-os* a si próprio como compromissos; de igual modo, o destinador é normalmente a sociedade no seu todo ou alguma figura que a representa e controla a conformidade do comportamento do consumidor: uma mulher de mais idade (avó, sogra) ou um homem (marido) para as mulheres jovens, a comunidade dos amigos para os casais, uma pessoa do sexo oposto para os jovens, para uma família ou uma dona de casa. Nestes casos, o consumo proposto significa o cumprimento de uma obrigação social, à qual não é possível furtar-se, sob pena de se sentir vergonha. Em resumo, o destinador social do texto publicitário provoca um poderoso *dever ser*, da mesma forma que o destinador subjetivo (o próprio consumidor modelo) exprime um *querer ser* que se vem finalmente a concretizar no eixo desejo/prazer.

---

[*] Em que uma conhecida figura pública surge a manifestar a sua (excelente) opinião sobre as qualidades do produto em causa (*N. do R.*).

TEXTOS PUBLICITÁRIOS 97

A marca (ou, em certos casos, o produto) dispõe-se normalmente em duas outras posições: por vezes é apresentada como *objeto de valor* em si mesmo, desejado pelo consumidor-modelo retratado na publicidade, ou usufruído por ele – assim, teremos frequentemente *estratégias míticas* (cfr. *supra*, cap. III) e um esquema narrativo centrado na sanção. É o caso de alguns doces (os gelados, desde logo, que, segundo um bem sucedido *spot* de há uns anos atrás, pode ser «melhor que o sexo»), de certos perfumes, roupa de moda, joias, relógios. O produto coloca-se mais frequentemente na posição de ajudante. Neste caso, o herói da história é geralmente uma representação do enunciatário (o consumidor), que se encontra perante o querer/ /dever adquirir um objeto de valor mais ou menos abstrato (a liberdade ou o sucesso sexual, a segurança automóvel ou a vida desportiva, a higiene ou a comodidade), e o produto propõe-se como *competente* (normalmente através da mediação da marca, que o legitima, isto é, determina, por sua vez, a sua competência) e capaz de ser o seu ajudante mágico, no plano do *saber*: conhece o que realmente é necessário para obter aquele valor sempre um pouco misterioso que se procura, sabe quais os obstáculos ou adversários reais à sua realização (pense-se na figurativização antropomorfa dos profissionais em bata branca que explicam a química da limpeza dos dentes, ou nos de fato e gravata que levam as donas de casa para dentro das fibras dos tecidos para lhes mostrar a sujidade da roupa). De qualquer forma, o produto é competente no plano do *poder*, porque é apresentado como resolutivo, poderoso, enérgico, nutritivo, de emagrecimento, revigorante e por aí fora, isto é, capaz de obter o valor que se pretende.

As narrações implicam sempre um aspeto *passional*: as personagens agem sempre movidas pelo desejo, inveja, ira, amor, aborrecimento, ciúme... Por vezes, estes sentimentos são analisados em detalhe, de modo a que seja possível seguir a sua subtil evolução; mas em textos populares, como o são os publicitários, os sentimentos são geralmente subentendidos e, além disso, considerados segundo uma tipologia tradicional que os exprime de forma estereotipada.

As mulheres são sempre apontadas pelo *afeto maternal*, os homens, pela *ambição* e pela *ligação à família*, os jovens são *rebeldes*, as raparigas *sedutoras*, etc.

Estas características são igualmente codificadas naqueles elementos predeterminados das personagens que constituem os *papéis temáticos* da história. Consoante o género literário e as informações contextuais sobre o espaço e tempo das ações, o leitor é capaz de mobilizar certos fragmentos de conhecimentos socialmente disponíveis, que normalmente derivam de outros textos anteriormente em circulação (esta capacidade que os textos têm, em especial os narrativos, de se referir a outros textos é denominada *intertextualidade*, e pode assumir muitas formas, desde a palavra à reconstituição, da continuação [*sequel*] à narração paralela, à simples generalização de figuras e lugares comuns). Deste modo, «sabemos» que a contextualização de uma história que retrata a legião estrangeira comporta sede e deserto, sargentos maus e tentativas de evasão; o *western* «evoca» xerifes, bandidos, cavalos e cavaleiros solitários, bares e *saloons*; a casa sugere crianças e avós, filhos ocupados e mães preocupadas com os comportamentos; um policial integra investigadores astutos, vítimas e assassinos, polícias violentos e cidades retratadas à noite. Cada *tema* (o *western*, o policial...) comporta *papéis temáticos* (o xerife, o investigador...), tão bem definidos que não se torna necessário serem inteiramente descritos no texto; cada papel temático traz consigo *figuras* concretas – análogas às que encontrámos na semiótica das imagens – que são dadas como pressupostas: o xerife terá a estrela e a pistola, por mais que não estejam à vista, o *manager*, a sua mala, o automóvel, o *tablier* com todos os seus instrumentos. E, naturalmente, nós identificaremos os papéis temáticos a partir destas figuras concretas, mesmo sem necessitar de explicações explícitas: o médico reconhece-se pela bata, a avó pelos cabelos brancos e pelo sorriso, o estudante pelos livros. Este jogo de estereótipos é essencial para a publicidade, que se dirige a um mercado de massas, pretende obter reações previsíveis e deve fazê-lo sempre num tempo e espaço muito breves.

As paixões são igualmente consideradas e descritas como papéis temáticos: existe uma tipologia socialmente estabelecida e muito

TEXTOS PUBLICITÁRIOS

usada em publicidade de tímidos e sedutoras, irascíveis e invejosos, com traços físicos e comportamentais bem definidos. Mas há muito mais. Se um certo jogo estereotipado e banal das paixões e dos respetivos papéis temáticos é um ingrediente fundamental de toda a literatura popular, a razão está na possibilidade de identificação que estes papéis oferecem: uma identificação que, por sua vez, não é estática, não consiste apenas na correspondência sociológica dos papéis representados com a real condição dos leitores (embora esta seja um poderoso estímulo, que torna a história «realista» ao mesmo tempo que firma a sua relevância para o leitor). No geral, a identificação ou «ligação», como já a designámos, ocorre, por seu lado, no plano do desejo: o leitor gostaria de ser como o seu herói e, por isso mesmo, «torce» por ele, apaixona-se pelas suas peripécias, partilha os seus sentimentos e as suas escolhas. É claro que este mecanismo é uma importante via para a publicidade: estabelecido o nexo de identificação, os desejos e as escolhas da personagem de uma história publicitária tornar-se-ão facilmente contagiosos para o público e, diferentemente da maior parte dos casos de narração, terão consequências concretas no mundo real, ou seja, propiciarão o sucesso do produto ou da marca que foi objeto deste tratamento.

Há que referir uma última nota a propósito das narrações: elas estão sempre *imbuídas de valor*. Uma história não pode literalmente existir se um objeto não se apresentar a algum sujeito como portador de qualquer valor (seja ele positivo ou negativo). Sem anseio de riqueza ou de liberdade, de evasão ou de afirmação, de divertimento ou de descoberta, a narração não tem qualquer sentido. Nem poderia existir sem a presença de algum obstáculo, de alguma oposição que impeça a concretização imediata do que se pretende. Por seu lado, esta oposição é portadora de valores (negativos, neste caso), costumando encarnar a face de uma personagem, de um anti-herói, humano, material ou abstrato.

Eis que a narração nos surge como um *conflito de valores*, que superintendem a todo o processo ou a alguma das suas partes e se concretizam nesta ou naquela personagem, num ou noutro momento. A moral dos contos infantis tem seguramente este sentido, como algumas afirmações «ideológicas» que por vezes emergem até da literatura mais séria (pensemos em Brecht, na épica cavaleiresca ou na providência de Manzoni). Podemos com certeza pensar as narrativas como máquinas sociais que estabelecem valores e relações de oposição e contiguidade entre si. O quadrado semiótico, que analisámos no capítulo III, é o principal instrumento a que a semiótica recorre para descrever tais relações de valor. É útil lembrar que conceitos como liberdade, limpeza, riqueza, amor, são por sua vez considerados valores enquanto portadores de um investimento emocional mais profundo, que anteriormente caracterizámos como *oposição tímica* entre «euforia» e «disforia», e que lhes atribui um sentido positivo ou negativo. É esta ligação elementar com um bem-estar provavelmente radicado na nossa sensibilidade corpórea que valoriza todas as posições narrativas: personagens e paisagens, tempos e ações, lugares e palavras.

Para o discurso publicitário, tal processo de *axiologização* é naturalmente imprescindível, porque, como vimos, a publicidade assume-se antes de mais como prática de valorização de marcas e produtos; não é pois de admirar que, neste contexto, a narração se revele um instrumento tão central.

Capítulo V

SUJEITOS PUBLICITÁRIOS

1. Marca de fabrico e «marca-assinatura»

Nos casos mais interessantes, a publicidade não faz referência aos produtos em si mesmo, mas às *marcas*. Acerca das marcas floresceu uma rica mitologia positiva (nos ambientes publicitários) e negativa (em contextos predominantemente político-sociais), caracterizada, em ambos os casos, por uma forte sobreavaliação deste objeto «imaterial», semiótico. É necessário, portanto, atermo-nos a uma análise dos factos, sem ignorar nenhuma das afirmações correntes. Quando se diz, por exemplo, que a marca é «um indivíduo», que tem uma «genética», que é um «mundo possível» ou «um novo modelo de capitalismo», é preciso compreender o que há nestas expressões de efetivamente descritivo e o que há nelas de metafórico, ou mesmo ideológico e propagandístico.

No plano mais propriamente material, a marca é o que dela diz a sua etimologia (do antigo germânico *markian*, «sinal de fronteira»): uma marcação será, pois, um sinal indicador de pertença. Estes sinais, após terem sido marcos fronteiriços, contrastes de ourivesaria, ferretes impressos no gado, figuram hoje em produtos, locais de serviço – inclusive em pontos de venda –, instrumentos empresariais vários, mas são relevantes sobretudo em publicidade. A mais importante dos últimos decénios, quer no plano quantitativo quer no qualitativo, centra-se substancialmente mais na marca do que nos produtos e serviços em si mesmos. Deste ponto de vista, a marca é, claramente, um dispositivo semiótico, que tem a sua origem num sinal real, a *marca*, que os estadunidenses costumam designar por *logo*, e que, no fundo, é um *nome próprio*, normalmente também caracterizado por uma morfologia precisa (um *lettering*, uma cor, um grafismo próprios).

Neste sentido, a marca funciona de forma análoga à *assinatura*, o dispositivo semiótico que autentica o objeto, associando-o ao valor de determinada pessoa, e que, nalgumas línguas, se tornou mesmo o nome genérico da empresa, de tal forma ligado ao mundo empresarial. A assinatura representa, definitivamente, um duplo sistema de garantia de contiguidade com o autor legítimo e, por isso, também de garantia da sua responsabilidade: por um lado, a complexidade das características formais e a exatidão da reprodução tornam difícil a imitação; por outro, há um impedimento jurídico à falsificação (imitar a assinatura de alguém constitui um delito). Em relação à marca, o primeiro requisito não é aplicável, na medida em que não se trata realmente de uma assinatura, mas de uma etiqueta produzida de forma industrial. Fica-nos o segundo fundamento, o jurídico, apesar de os exemplos de falsificação estarem à vista de todos.

Hoje em dia, a marca é uma assinatura, mas uma assinatura industrial e, deste modo, reproduzível por definição. A sua falsificação é propiciada por esta sua natureza e, muitas vezes, torna-se um alvo de desejo pelas mesmas razões económicas que, desde sempre, conduziram à falsificação de assinaturas em cheques e pinturas: a marca aposta a um objeto (por exemplo, de vestuário ou de peles) altera grandemente o seu valor. Todavia, estas falsificações são usualmente evidentes e não enganam o comprador, sendo, quando muito, usadas por ele para enganar todos aqueles que o poderão ver a usar o objeto falsificado. Todo este campo, em suma, assim como os aspetos relacionados com o *copyright* e com a tutela da propriedade intelectual, tem-se revelado de grande interesse e riqueza e em curiosos paradoxos. Mas o que aqui nos interessa é um diferente aspeto da marca, o aspeto pelo qual a difusão do sinal de pertença produz como contrapartida um novo sujeito (simultaneamente comercial, jurídico, organizacional, comunicativo): a pessoa que

SUJEITOS PUBLICITÁRIOS 103

assina um cheque ou uma pintura detém uma existência física anterior ao seu gesto comunicativo, enquanto a marca, hoje em dia, pode não ser um sujeito físico ou uma pessoa jurídica (uma empresa), e a sua existência provém da marcação dos produtos e da atividade de comunicação que rodeia e pressupõe esta afirmação de identidade. É esta a razão pela qual, no mundo contemporâneo, produtos e marcas têm uma relação tão forte entre si.

Atendo-nos a exemplos concretos do âmbito da comunicação, verificamos que todos os fenómenos de marca estão ancorados numa *isotopia intertextual* de determinado nome próprio (e dos seus componentes, tanto no plano da expressão, como no conteúdo). O *lettering* (e o vermelho intenso) da Coca-Cola, mas também a «naturalidade» característica da Mulino Bianco, regressam, modificados e conjugados de diferentes modos, quer nos produtos/serviços, nos pontos de venda, na comunicação e, antes de mais, na publicitária. Por «isotopia» entendemos precisamente este regresso obstinado de um elemento textual, de um conceito, de um aspeto significativo, que sempre constitui a ossatura dos textos, a sua coerência, e que nos textos publicitários se organiza geralmente em torno dos elementos da marca. A isotopia da marca é intertextual, aplica-se à publicidade e ao produto, aos pontos de venda e à empresa. A intertextualidade de que falamos é, obviamente, *sincrónica* (a comunicação, por razões evidentes, deve ser *contemporânea* do produto, aliás, dos diversos produtos e respetivos suportes). Mas também deve ser *diacrónica*, ou seja, deve estar sedimentada no tempo: tratando-se de um dispositivo que produz essencialmente competência, a marca deve estar lá, para poder garantir o produto, e deve ser vista como investida *desde sempre* das características semânticas que dão credibilidade à sua garantia – o que torna naturalmente difícil o lançamento e revisão de uma marca, também necessária de tempos a tempos, para a adaptar às características do contexto em que se insere e à utilização que dela se faz.

Com efeito, a maior parte das marcas de relevo goza de grande estabilidade no tempo, podendo estar presentes no mercado há décadas. Por outro lado, não há marca, no sentido de certa forma imponente que o termo foi assumindo nos últimos decénios, sem comunicação e, em particular, sem publicidade. Por razões práticas, todos os produtos industriais estão «marcados»; porém, quase só as marcas que investem recursos na comunicação, designadamente na publicidade, podem considerar-se marcas para todos os efeitos.

Tentemos agora compreender os efeitos deste fenómeno de aposição de marcas, que pode parecer tão óbvio e vulgar como atribuir nomes próprios às pessoas. Na verdade, a marca constitui um dos dispositivos de comunicação mais originais e poderosos da nossa cultura material. Nascida por volta de meados do século XIX, na sequência do desenvolvimento da assinatura artesanal do produtor, a marca é, ainda hoje, a forma de comunicação característica dos bens industriais de consumo massificado, apesar do desafio de novas formas, mais anónimas, de consumo. A razão é evidente: o produto industrial de massa, por definição, não é o resultado do saber técnico de um artesão; resulta, isso sim, de uma organização complexa e impessoal. No entanto, essa impessoalidade é perigosa em termos de comunicação, porque corre o risco de apresentar ao consumidor um bem anónimo, destituído de personalidade e qualidade próprias, e, em certo sentido, *órfão*, sem um *autor* que dele se possa responsabilizar.

A marca serve, antes de mais, para compensar duas lacunas ou perigos inerentes à natureza do produto industrial, realizado em série por uma organização complexa: um deles refere-se ao *conteúdo* que, num produto anónimo, pode ser desigual ou confundível (e, por isso, intercambiável) com qualquer outro bem da mesma classe mercadológica; a segunda respeita ao *autor*, ao *pai*, digamos, do bem de consumo, que lhe dá fisionomia e assume a responsabilidade da sua criação. Em consequência, só através da garantia da marca é possível instaurar hábitos de consumo e obter fidelizações, assim como permitir ao produtor a aplicação da marca a novos produtos (*brand stretching*).

Em jeito de síntese, consideremos o estudo mais importante sobre o tema (Kapferer, Thoening, 1991, p. 103) a fim de assinalar algumas das principais funções da marca:

SUJEITOS PUBLICITÁRIOS

- *função de identificação*: consiste no facto de a marca individualizar o produto, atendo-se às suas características principais;
- *função de orientação*: a marca dá uma orientação ao cliente, permitindo estruturar a oferta;
- *função de garantia*: relativa à noção de marca como um compromisso público de qualidade e prestação;
- *função de personalização*: respeitante à relação entre a escolha de certas marcas e o ambiente social do consumidor;
- *função lúdica*: corresponde ao prazer que o consumidor pode ter ao fazer compras.

Numa perspetiva semiótica, a questão da marca pode considerar--se como um caso clássico de enunciação *delegada*. Como vimos, o *emissor empírico* da comunicação, o sujeito que efetivamente constrói ou põe em circulação o produto e decide sobre a publicidade (é claro que produtor, distribuidor e comitente publicitário podem não ser necessariamente a mesma entidade, mas esse problema não nos interessa agora), projeta no próprio produto e na comunicação que a ele se refere (a publicidade, por exemplo) um *emissor delegado*, a quem atribui determinadas características. Uma empresa como a Fiat, por exemplo, que compreende muitas marcas diferentes, comercializa determinado automóvel como pertencente à marca Lancia, outro como Alfa Romeo, um camião como Iveco e por aí adiante. A Lancia e a Alfa Romeo são marcas na medida em que são comunicadas e percecionadas pelos consumidores como *autoras* do automóvel, detentoras de uma personalidade autónoma e permanente, que comporta atributos determinados (distinção e aspeto desportivo, por exemplo) ou um verdadeiro caráter. Em tal caso, as características específicas resultam geralmente da história das marcas, que eram antes empresas autónomas, com determinado *público-alvo* e uma certa «imagem» (outro nome para o emissor delegado), mas é perfeitamente possível, e até comum em certos campos mercadológicos, *criar* novas marcas e tentar atribuir-lhes as características desejadas.

Os vários aspetos inerentes à marca, a sua publicidade, a sua embalagem, a sua «marca de fabrico», a escolha dos produtos e dos

106   SEMIÓTICA DA PUBLICIDADE

canais de distribuição, o seu nível de preço, o repertório dos produtos, numa palavra, todos os elementos de comunicação estudados pelo *marketing*, devem contribuir ativa e coerentemente para esta operação de personificação. Trata-se de uma construção complexa e sofisticada, que frequentemente requer avultados investimentos económicos e criativos, e um apreciável período de tempo.

É importante salientar que, tanto a marca como o objeto ou o *público-alvo,* devem ser considerados, na perspetiva da comunicação, como dispositivos *internos* à *mensagem objectual* do produto. A marca, entidade que é de certa forma um simulacro, não age como algo que se vai unir a determinado produto em relação a um público igualmente pré-definido; age sim em estreita inter-relação com estes objetos «reais». Muito embora no plano material e na perspetiva do valor de uso este fenómeno não tenha qualquer justificação, certo é que o *valor simbólico* da marca (a sua eficácia comunicativa, por outras palavras) é suficiente para modificar radicalmente o valor económico do produto e, até mesmo, para o substituir: assim, conduz-se um «Mercedes», veste-se um «Armani», toma-se uma «Coca-Cola» e por aí fora.

É necessário acrescentar um importante considerando. De certo ponto de vista, na sociedade em que vivemos já quase não existem produtos verdadeiramente anónimos, uma vez que a condição por excelência do anonimato comercial concerne à venda de bens a granel, que atualmente só ocorre no setor alimentar (pão, carne, legumes). Até produtos muito pouco identificados a nível da empresa, como é o caso do açúcar, têm as suas marcas, e mesmo aqueles canais de distribuição tidos normalmente como incompatíveis com o conceito de marca, os *hard discounts*, por exemplo, tendem a dar um nome próprio aos seus produtos, como o fazem, aliás, as grandes cadeias de distribuição, com as suas *private labels* [marcas particulares ou linha branca]. Assim, a questão não é tanto a de fazer a distinção, para a maior parte dos bens de consumo, entre a presença e a ausência de marcas, mas entre *marcas fortes* e *marcas fracas*. As primeiras são aquelas em que o emissor delegado tem uma forte identidade comunicativa, uma densidade semântica, uma certa autonomia em relação ao setor mercadológico. Esta situação pode ficar a dever-se, em certos casos, à longa tradição de presença em determinado setor, que sustenta o efeito de marca. Neste sentido, Kapferer afirma que «a marca é a memória do produto».

Porém, as mais das vezes, a marca forte é aquela cuja comunicação é feita não apenas através da própria mensagem do objeto (o produto), como por meio de outros investimentos comunicativos (designadamente a publicidade), que permitem construir a densidade semântica requerida. Uma vez que neste setor existe um forte *atrito semântico*, dado que a concorrência e a inflação comunicativa consomem rapidamente o saber coletivo sobre os produtos, a construção da marca é um empreendimento sem fim, que consiste na contínua reafirmação da própria existência comunicativa, com os ajustamentos devidos às mutações do mercado, da concorrência, dos consumidores. Deste ponto de vista, a marca deve ser considerada como o fenómeno na *sobreposição de duas comunicações*, uma do objeto e uma metalinguística e persuasiva, que dividem objeto e emissor delegado.

A marca representa um importante passo no percurso de *simbolização do mundo*. Não indica quem efetivamente produziu o bem, não tem, de forma alguma, a mesma natureza que a assinatura do artesão, apesar de algumas vezes derivar dela no plano histórico. Não indica sequer o proprietário – individual ou social – de uma empresa transformadora, ou seja, não indica a responsabilidade jurídica, como ocorre com a comunicação *corporate* de que falaremos em seguida. A marca é, pois, um dispositivo de sentido que transforma os objetos em algo diferente e mais rico do que o são enquanto puras mercadorias. Ao seu caráter mercadológico, a marca acrescenta um passado, o contexto de outros produtos, possibilidades de utilização, um posicionamento social, esperanças: em suma, *uma história*, uma narrativa. Os conteúdos concretos desta transfiguração dos produtos são fornecidos pelas diferentes formas assumidas pela publicidade e pela comunicação empresarial. Mas a marca é o seu fulcro, o ponto de aplicação da magia transformadora do sentido, a coerência das propriedades reais e imaginárias dos produtos. Na nossa sociedade, os produtos *falam*, dizem muito acerca de quem os adquire e os utiliza.

Mas a marca também lhes permite falar de si próprios, enriquecendo substancialmente a sua voz.

Tal como em parte já vimos, em qualquer comunicação a semiótica identifica um *enunciado* e uma *enunciação*, aquilo que é dito (mas também prometido, ordenado, pedido e por aí fora) e as circunstâncias em que é dito (aquele que o faz, quando, onde, dirigindo-se a quem, etc.). A enunciação propriamente dita é alheia à mensagem, pertence a um outro nível da realidade. Mas a linguagem permite *enunciar a enunciação*, evocar, no interior do enunciado, a pessoa que comunica, dizendo «eu». Este «eu», esta *enunciação enunciada*, pode ser, naturalmente, fictícia, como tantas vezes ocorre nos romances, em que o narrador fala na primeira pessoa muito embora não se confunda com a pessoa física do escritor. Tal como tudo o que respeita ao sentido, temos neste caso um aposto à realidade, algo que, sendo imaginário, é *mais que verdadeiro*. Neste sentido, a marca assume-se como um poderoso meio de reprodução de uma *enunciação enunciada* (real ou fictícia) no mundo dos bens de consumo, para lhes emprestar um «eu», uma identidade, um rosto, uma história. Pouco importa que a narrativa seja ou não verdadeira. De uma forma ou de outra, ela é um *aposto* ao produto, que integra as suas qualidades, reais ou narrativas, num valor novo e autónomo.

À semelhança do que frequentemente se passa em relação ao sentido, aquilo que antes era suplementar torna-se agora central: a marca já não deriva dos produtos, mas, ao invés, são estes que são projetados em função da marca, dos valores que encerra, da sua história, das fantasias que evoca, do *público-alvo* a que se destina. A coerência destes valores torna-se o tema central, ficando-lhes até subordinadas as qualidades mercadológicas do produto. Como vemos, a marca vive e prospera na medida em que quando o consumidor privilegia estes valores em detrimento da simples utilidade, prefere a história à coisa simples, o sentido à utilização.

Retomando as linhas mestras deste discurso, podemos afirmar que entre as condições materiais da «forma-marca» do mercado se encontram a produção em série, a presença de um vasto público de consumidores, a distribuição anónima dos grandes pontos de venda,

SUJEITOS PUBLICITÁRIOS 109

a existência de *mass media* eficientes. Mas, para que se realize o dispositivo semiótico da marca, o essencial é que se produzam duas ordens de factos comunicativos autónomos mas interdependentes, ligados por uma *isotopia*. Temos, por um lado, os objetos, os serviços, os pontos de venda, que se caracterizam pela marca; por outro, temos mensagens transmitidas pelos meios de comunicação que contêm essa mesma marca. No primeiro caso, a marca funciona como *simulacro do produtor*, assinatura de atribuição e de responsabilidade; no segundo, como *autor*, como assinatura de autoria. Seja esta ou não a situação (muitas vezes não o é por razões de organização técnica e jurídica da produção), no primeiro caso, a comunicação implícita à marca afirma que o produto é «feito por» uma marca; no segundo, a mensagem é «dita por» aquela marca.

É costume verificar-se o caso tradicional em que a segunda mensagem (mediática) fala da primeira (do objeto) e a apresenta, a justifica e a elogia. Mas atualmente isto cada vez menos se passa (ocorrendo apenas esporadicamente), e o conteúdo da mensagem nos *media* passa hoje a dizer respeito a valores, que podem nem sequer fazer necessária referência à qualidade do produto ou à sua utilização. Quando a marca «Barilla» evoca a ideia de «casa», não está a elogiar a qualidade das massas alimentares que representa nem mesmo uma utilização possível de tal produto. O mesmo se passa com a Coca-Cola, em relação aos conceitos de paz e amizade, ou com a Omnitel, em relação à vitalidade. Este facto induziu alguns autores (Codeluppi, 2001; Semprini, 1993) a falar das marcas como «mundos possíveis», atribuindo-lhes funções que, na nossa cultura, tradicionalmente foram exercidas pela literatura, pela militância política ou pela fé religiosa, até defender que, atualmente, seriam as marcas a dar sentido à nossa vida. Facilmente constatamos que se tratam de pretensões exageradas. Ideologias e fés continuam a dominar a vida social e individual, como uma simples vista de olhos às notícias nos permite notar, tendo mesmo algumas a capacidade de hegemonizar totalmente o comportamento das pessoas a ponto de as induzir a renunciar à própria vida. Histórias sinuosas dos mais diversos tipos continuam a ser produzidas e consumidas, agindo como instrumentos de interpretação da realidade.

Os discursos inerentes às marcas são caracteristicamente débeis, confusos, tendentes a não criar divisões no *público-alvo* (e, por isso, não demasiado incisivos). Mesmo para aqueles que estão demasiadamente imersos no mundo dos consumos, eles são sempre plurais (emitidos por diferentes marcas), têm um ritmo de obsolescência muito rápido, uma capacidade de mobilização muito limitada (no máximo, conseguem substituir uma ou outra preferência de consumo, muito dificilmente nos pedem mais que a compra de um produto e mais raramente ainda o conseguem). Ninguém vive *realmente* dentro do pequeno mundo de uma marca, por muito que adquira os seus produtos. Há uma certa *suspensão da incredulidade* até perante a mensagem publicitária, mas esta é inferior ao que ocorre no caso das narrativas propriamente ditas, e comporta uma atitude de certa forma pouco séria. As marcas propõem, certamente, mundos possíveis através das narrações publicitárias; mas dado que estas últimas são necessariamente breves e resumidas, também esses mundos são *pobres*. E não são, de modo algum, *o mundo* da marca: as aventuras dos futebolistas encarcerados não são o mundo da Nike. A razão é simplicíssima: as histórias publicitárias consomem-se rapidamente, enquanto o mundo de uma empresa, se o há, é suposto ter uma certa duração. Mas existirá realmente um «mundo Nike», um «mundo Coca-Cola»? Bem, é certo que há valores característicos, nomeadamente competitividade e euforia; há cores, músicas, um certo «tom de voz». Mas daqui a um mundo, mesmo que possível, vai uma grande distância.

No entanto, a publicidade funciona, no sentido de que os produtos de marca são efetivamente vendidos (apesar de o conceito de eficácia ser pouco claro e de a comparação entre investimentos em comunicação sobre a marca e o aumento das vendas ser sempre recusado pelos publicitários). E custam mais do que os produtos de igual valor prático mas desprovidos de marca: do ponto de vista da relação custo/benefício, a marca é um valor acrescentado para o consumidor, sem contrapartida, uma espécie de suborno – apesar de aceite de bom grado. Quais as razões deste funcionamento? Podemos citar três fatores que conduzem a tal resultado: o primeiro é o *efeito notoriedade*, o segundo é o efeito *moda*, o terceiro de *arrastamento dos valores*.

SUJEITOS PUBLICITÁRIOS

A *notoriedade* é, certamente, um resultado da publicidade, aliás, a única efetivamente testada com grande margem de certeza. A isotopia, que estabelece a ligação entre a marca do produto e a marca que assina a publicidade, torna a primeira em certa medida familiar e, de qualquer forma, bem localizável, culturalmente «existente». Uma vez que o consumo de produtos industriais, que geralmente não se podem experimentar no momento da aquisição (por estarem embalados), depende de um ato fiduciário, a notoriedade ajuda a aceitar o contrato fiduciário implícito em cada aquisição do género: se «conheço» o «autor» de um produto (ou seja, se fui destinatário de uma mensagem que continha a mesma marca do produto) mais facilmente poderei confiar nele. Algo semelhante se passa com a «teleamizade», estudada no âmbito das comunicações de massa (Meyerowitz, 1993). Esta é a principal razão pela qual funcionam os fenómenos de extensão de marca (marcas de cigarros que «marcam» o vestuário, estilistas que assinam azulejos e por aí adiante).

O fator *moda* está ligado a estes aspetos. O desejo é, geralmente, desejo de desejo, inveja. O facto de um produto ser publicitado e, daí, já correntemente consumido por outras pessoas, é mais um bom motivo para aderir ao contrato fiduciário, ou, desde logo, para o desejar.

O *arrastamento de valores* é o fenómeno a que por vezes nos referimos como «mundo possível da marca». Mas a questão que se coloca é mais simples. Como vimos, as mensagens publicitárias, na sua maioria, possuem um forte caráter axiológico. De facto, com referência ou não ao produto, são invocados de forma extraordinariamente forte e direta, paixões e valores de considerável relevância. Em conclusão, a mensagem publicitária nunca é neutra, «apela» sempre a simpatia, doçura, naturalidade, energia, provocação, ou outros elementos a que o *público-alvo* reconhece o estatuto de valores. Não é necessário que estas qualidades sejam atribuídas ao produto: elas são evocadas e valorizadas numa mensagem assinada pela marca de uma forma evidente, que delas se proclama autora e responsável. A marca age de igual modo em relação aos produtos, aos quais estes valores (se suficientemente fortes, reiterados e *coerentes*) são idealmente transmitidos, segundo a lógica da isotopia. Não é necessário que as mensagens de marca evoquem o *mesmo* mundo possível da narração (o que, aliás, nunca acontece, salvo no âmbito das publicidades em episódios), o importante é que exista uma certa coerência diacrónica no sistema de valores contido nas mensagens (mas, no concreto, também esta condição só em parte é respeitada). No efeito de arrastamento, a marca é um *tertium mediationis*, à semelhança da segunda premissa de um silogismo. A sua principal função é a de transferência de valores, de «gancho», por assim dizer. Mas, antes ainda, de «acumulador», de «frigorífico» destes mesmos valores, o que lhes permite concentrarem-se no tempo. Um papel semioticamente importante e comercialmente essencial, mas cujo valor cultural não deve ser excessivamente enfatizado.

Esta avaliação será sensivelmente alterada se, em lugar do discurso de *uma* marca, tomarmos em consideração o discurso *das* marcas e nos debruçarmos sobre os seus efeitos. É legítimo examinar esta acumulação da publicidade no seu todo: a homogeneidade da sua forma e da colocação, assim como a coerência dos conteúdos, faz dela um discurso consideravelmente mais denso que o discurso jornalístico (que depende das notícias) ou artístico. Trata-se de um discurso invasivo, obsessivamente repetido em todos os suportes possíveis de comunicação, da televisão à internet, aos jornais, às paredes da cidade. O discurso publicitário de tal forma se difundiu que transformou radicalmente o espaço público dos nossos dias, de local dedicado antes de mais à discussão, à troca de opiniões, a local de promoção comercial. A *privatização do espaço público*, nunca é demais repetir, constitui um dos principais resultados de conjunto do discurso publicitário.

O conteúdo implícito primacial deste discurso é o estímulo ao consumo, a equivalência entre valor e posse, a exaltação da riqueza individual como condição única de felicidade. Por detrás desta fortíssima asserção de cariz ideológico, figuram modelos igualmente ideológicos: modelos de corpos, de comportamentos, de relações, de casais, de alimentação, de linguagem, que no seu todo se integram, apesar das diferenças derivadas da especificidade do público-alvo e dos produtos. O peso da publicidade não é narrativo mas *ideológico*, no sentido de que exibe como dado de facto uma realidade imaginá-

SUJEITOS PUBLICITÁRIOS 113

ria a fim de a tornar desejada, e finge *descrever* comportamentos que, efetivamente, *prescreve* como normas.

Citemos novamente um último efeito do discurso publicitário das marcas. Paradoxalmente, a publicidade dominante (a dos «valores imateriais» e dos «mundos possíveis») é um importante fator de perturbação do funcionamento do mercado. O capitalismo da «mão invisível» de Adam Smith baseia-se na hipótese de que, ao nível do mercado, cada indivíduo faz as escolhas que lhe parecem mais favoráveis e que o todo de tais escolhas determina um sistema de preços e, em consequência, uma repartição ótima dos recursos. A premissa sobre a qual assenta este salto do interesse individual para a racionalidade geral é uma boa – se não perfeita – informação dos agentes acerca do mercado, em que são colocados na posição de avaliar o que efetivamente lhes é mais conveniente. Mas o discurso das marcas, a avaliação de «qualidades imateriais» e o *premium prize* de marca que lhe é consequente constituem, no fundo, uma tentativa de obscurecer a informação sobre o mercado, não permitindo que os compradores calculem o seu interesse económico efetivo. O resultado é um mercado imperfeito, que tende para situações de monopólio e que não favorece a eficiência económica nem a inovação tecnológica. Por outras palavras, o que quer que digam os apologistas da marca, o trabalho centrado na noção de sentido é efetuado a favor dos interesses de quem a eles se dedica, mas contra a racionalidade económica.

2. Publicidade institucional

Não é necessário confundir o emissor empírico com aquilo que, no âmbito do marketing, costuma denominar-se *corporate brand* ou *corporate image*, constituído, por sua vez, por emissores delegados de comunicações específicas (situação típica da publicidade institucional). O emissor empírico é a verdadeira *corporation*, isto é, o grupo que possui uma ou mais marcas ou o sujeito económico real que (eventualmente em colaboração com um transdutor comunicativo como, por exemplo, uma agência publicitária, um designer, etc.) emite efetivamente a mensagem do objeto.

A publicidade *corporate* (ou *institucional*), por definição, não tenta vender coisa alguma. Qualquer que seja a estrutura empresarial, as marcas e os produtos (que podem ou não corresponder à hierarquia do *marketing corporate-brand-product*), uma publicidade é *institucional* quando não visa o ato da compra ou do consumo, nem se limita a apoiar uma marca determinando os seus valores específicos; pelo contrário, os seus conteúdos comunicativos servem para valorizar, em termos gerais, a empresa produtora *como realidade empírica*. Não é o produto mas o produtor que está no centro da sua atenção. Mas há em tudo isto um evidente paradoxo: o investimento publicitário serve para promover uma realidade que parece não se enquadrar no âmbito da ação económica levada a cabo pelo consumidor.

Normalmente, o *marketing* constrói uma série de simulacros comunicativos, como as marcas, para separar o produtor do produto, com o fim de:

- definir linhas de produção com características qualitativas, socioeconómicas e comunicativas consideradas pelo consumidor como homogéneas e garantidas;
- possibilitar a livre projeção das características de *brand* [marca], segundo as exigências do *marketing*;
- facultar à empresa a possibilidade de laborar simultaneamente em diferentes mercados e linhas de produto sem que estes interfiram entre si ou com a imagem geral da empresa.

No caso *corporate*, a comunicação desempenha a função contrária: a de atrair a atenção sobre a dimensão geral da atividade empresarial, por mais diversificados e estratificados que sejam os seus produtos. Para além de qualificar o produto pelas suas características e de o investir dos valores da marca, a comunicação acrescenta, deste modo, um outro nível de garantia: passa a ser aquela empresa que produz tal marca e tais produtos tornando-se garante de ambos. A *corporate communication*, neste caso, sobrepõe-se e substitui-se em parte às funções da marca. Qualquer que seja o fundamento de uma comunicação deste nível, o seu conteúdo essencial mantém-se

SUJEITOS PUBLICITÁRIOS   115

constante: a identidade da empresa. Porém, essa identidade não pode ser simplesmente estática, não pode limitar-se a estatuir a existência do grupo e da sua marca. No contexto da publicidade institucional, a empresa deve, pois, comunicar o seu valor e fazê-lo não em relação a este ou àquele produto, a esta ou àquela marca (para tal fim, existe a publicidade comercial). A empresa deve, sim, estabelecer o valor da sua identidade em relação a todos os bens que produz e que venha no futuro a produzir, a todas as suas marcas, remetendo-as para uma unidade. Não se trata, em suma, de comunicar uma performance concreta, de reivindicar uma realização ou de elogiar um produto de sucesso (apesar de este ser por vezes o conteúdo manifesto da mensagem), mas de estabelecer uma potencialidade, um saber fazer, uma *competência*. Mas esta competência não consiste simplesmente na posse de uma técnica mais ou menos avançada, ou de recursos mais ou menos vastos, de uma quota de mercado ou de outros factos económicos ou comerciais.

No plano da comunicação, a competência consiste na legitimação para trabalhar num certo âmbito, a premissa necessária de qualquer futura *performance*. No campo empresarial, ela define um saber fazer técnico, uma solidez económica, mas estende-se também à ética, determinando uma *missão* empresarial. A publicidade institucional tem como objetivo fundamental comunicar a identidade da empresa em termos de competência, tradição, ética e missão. Este conteúdo de base pode concretizar-se de formas muito diferentes e segundo diferentes linhas alternativas de comunicar a identidade.

Um outro tema que geralmente diz respeito à dimensão institucional da comunicação empresarial é o da imagem coordenada. Normalmente, pensa-se na comunicação como se esta fosse um processo explícito e homogéneo. Segundo este ponto de vista, quem fala ou escreve «transmite uma mensagem» cujo conteúdo é dado pelo significado das palavras que emprega. Esta conceção funciona, talvez, para um texto de matemática ou para um boletim da bolsa. Mas não é realista a ponto de facultar a compreensão da relação interpessoal, nem da comunicação empresarial, sobretudo a que se dirige ao

116 SEMIÓTICA DA PUBLICIDADE

público. Quando se fala, no dia a dia, entre amigos e família, a maior parte das coisas importantes não é dita explicitamente, mas subentendida e transmitida apenas através do tom de voz, da atitude corporal, ou pela simples escolha do tema da conversa. É possível, com as mesmas palavras, exprimir amor ou indiferença, interesse sincero ou simples boa educação.

A parte não explícita da comunicação, aquela que não está codificada no significado das palavras, que não constitui uma pura transmissão de informação, costuma ser designada pelos estudiosos por *expressão* (Goffman, 1969). Toda a informação compreende uma parte de *informação* explícita e uma parte de *expressão*. Há quem defenda que a *expressão*, a postura corporal, o tom da voz, o distanciamento que uma pessoa assume durante um diálogo, em geral a comunicação não verbal, é substancialmente mais importante que a parte explícita da comunicação. É uma tese interessante, sem dúvida, embora através dela se torne difícil determinar a quantidade de comunicação transmitida.

Uma coisa é certa: informação e expressão não desempenham a mesma função comunicativa. Enquanto a informação explícita se centra geralmente nos *conteúdos* da comunicação, a expressão diz principalmente respeito à *relação* entre os interlocutores. Se alguém me pede notícias de um resultado desportivo, suponhamos, a informação pura e simples de como decorreu o dito jogo só pode ser transmitida de forma suficientemente precisa se o for de modo explícito («Venceu a equipa tal, com este resultado; quem marcou os golos foi...»). O tom da voz, o modo pelo qual a informação é organizada, os elementos da *enunciação* (como a pessoa dos verbos – «vencemos», «marcámos» –, os adjetivos e pronomes possessivos, etc.) servem para comunicar e, muito frequentemente, também para estabelecer uma *relação* entre os interlocutores: amigos ou estrangeiros, adeptos da mesma equipa, e por isso aliados ou adversários, membros do mesmo ambiente desportivo ou não. É certo que este exemplo, extraído do mundo do desporto, pode ser extensível a qualquer tema, da política ao amor e aos negócios. Tal princípio não se aplica somente à comunicação oral: um mesmo texto – a marcação de um encontro – escrito à máquina em papel timbrado ou numa fina folha de papel *vergé* por *uma escrita feminina azul pálido* (citando o título de um famoso romance), muda completamente de sentido, como bem sabem aqueles que tentam personalizar o correio eletrónico.

O que mais nos interessa, porém, é o facto de a distinção entre informação e expressão se aplicar igualmente bem à comunicação empresarial. As empresas devem, por certo, comunicar um sem número de informações a fornecedores, concorrentes e, sobretudo, aos consumidores. Porém, mais ainda do que transmitir corretamente informações acerca da atividade que exerce, a empresa procura estabelecer uma imagem suficientemente consistente, correta e favorável de si mesma, uma autodefinição adequada, ou seja, uma boa relação com a sua clientela, a nível de *corporate* ou de marca. O que significa trabalhar no plano da expressão.

É sempre possível transformar a *expressão* em *informação*, tornando explícita a relação entre ambas. Em certos casos, um aperto de mão não é suficiente, é preciso dizer que se é amigo, afirmar explicitamente que se está a dizer a verdade, não se contentando apenas com o tom de voz. As empresas trabalham frequentemente para comunicar *explicitamente* a sua própria identidade e a relação que tentam estabelecer com o público, produzindo, designadamente, a publicidade institucional. Mas sempre que uma empresa exerce a sua atividade e se encontra presente perante clientes e fornecedores (ou, por outras palavras, sempre que procede à abertura de espaços comerciais, que utiliza meios de transporte próprios, que prepara a elaboração de catálogos, que escreve cartas comerciais, que atende chamadas telefónicas, que envia faxes, etc.) há um *aspeto expressivo* nesta sua presença. Não se pode atender o telefone, escrever uma carta, efetuar um transporte, sem se transmitir simultaneamente uma *imagem da empresa* através das vertentes *expressivas* conexas a tais atividades: a carta deverá ser escrita em papel timbrado, feita de certa maneira e com certas imagens, um certo *lettering*; os meios de transporte deverão ter determinadas cores e escritos característicos; a telefonista deverá atender o telefone mencionando a empresa de certo modo etc., e isto aplica-se com especial propriedade às sociedades cuja ação se dirige a um público vasto.

Gerir esta expressão – se realmente é gerida, não o sendo em muitas empresas, senão num pequeno setor – significa realizar a *imagem coordenada* de uma empresa. Trata-se de uma atividade conceptual de larga escala, que deve estabelecer as regras, a gramática, digamos, da expressão empresarial. Não se trata simplesmente de executar a apresentação estética, de tornar coerente e organizada a ornamentação da atividade empresarial, como à primeira vista se poderia pensar. Há muito para além disso. A importância decisiva da imagem coordenada está em projetar para o exterior uma *conceção da empresa* e da sua missão, de estabelecer uma *identidade*, de dar a entender ao público – implícita mas eficazmente – quais as vantagens competitivas nas quais a empresa aposta, o que a distingue das concorrentes. Em resumo, a *imagem coordenada é a projeção concreta da empresa* e, nalguns casos, da própria *marca*. São passos essenciais, sobretudo no momento em que, para a maior parte dos produtos e serviços, os dados de base – a funcionalidade pura – estão normalmente garantidos e não são muito diferentes para os concorrentes no mercado.

Deste ponto de vista, a alteração da imagem coordenada de uma empresa é um ato *estratégico* de extrema delicadeza, sobretudo para uma empresa de prestação de serviços ao público, inserida num ambiente competitivo. Trata-se, efetivamente, de mudar a mensagem fundamental da relação com o público, que pretende ser feita na perspetiva dos consumidores. Neste sentido, revela-se fundamental a relação entre *continuidade* e *inovação*. A imagem coordenada e, em particular, a marca, que constitui o seu núcleo e motivo gerador, atualmente não pode manter-se inalterada durante *muito* tempo, para evitar a habituação e o aborrecimento, mas também para exprimir a atualização e as alterações que todas as empresas devem sistematicamente realizar para se manterem ativas no mercado. Por outro lado, e precisamente porque exprime a identidade empresarial, esta imagem nunca poderá ser totalmente subvertida – sob pena de desorientar completamente o consumidor e de perder as vantagens acumuladas ao longo da história da empresa.

3. *Griffe*

Paralelamente à marca vamos encontrar um fenómeno semelhante, mas assinalado por interessantes especificidades. Trata-se da *griffe*, ou seja, da assinatura do estilista, que caracteriza grande parte dos produtos do setor têxtil, atualmente muito interessante de analisar já que o seu modelo se estende a outros setores mercadológicos de qualidade, como o setor agroalimentar. A perceção da semelhança entre *griffe* e marca é essencialmente intuitiva. Tal como a marca, a *griffe* não define um emissor empírico que corresponda ao fabricante, ao projetista ou a quem comercializa o produto, mas um emissor delegado construído na comunicação comercial: é sabido que a maioria dos estilistas não são os produtores diretos das mercadorias que exibem a sua assinatura, e não raro cedem a sua *griffe* sob licença para que seja usada em setores de produção que em muito ultrapassam a sua competência específica. A *griffe* pode ainda não corresponder de todo a uma pessoa real, como acontece com a Max Mara (marca das indústrias Maramotti) ou com a James Dillon (marca de uma grande cadeia de distribuição). E há ainda conhecidas *griffes* que conservam o nome de pessoas já mortas.

Podemos ainda assinalar outros importantes elementos estruturais que a *griffe* tem em comum com a marca. A *griffe* é igualmente caracterizada em termos positivos, não em relação à peça *anónima*, que praticamente já não existe, mas em relação à peça *debilmente marcada*, mediante um forte impacto comunicativo independente da mensagem objectual, que, no geral, não apenas é publicitária como jornalística. Além disso, a *griffe* determina implicitamente o seu próprio público alvo, apostando numa difusão conexa à sua imagem. Basta pensar na diferença entre uma «mulher Armani» e uma «mulher Versace». Por fim, também a *griffe* escolhe os seus objetos com base na sua hipótese de *público-alvo*, confiando-se a uma coerência que chega mesmo a passar através da seleção mercadológica.

Mas as diferenças entre marca e *griffe* são igualmente relevantes. Acabámos de mencionar ocasionalmente uma primeira particularidade da *griffe*. Enquanto as marcas tendem a ser sujeitos de comunicação, definidos com certos atributos de caráter e, por isso, capazes de agir segundo determinadas linhas, mas sempre tendencialmente *abstratos e impessoais*, as *griffes* são atribuídas predominantemente a homens e mulheres de carne e osso que podem ser vistos em público, acerca dos quais se podem consideráveis exceções a este princípio da personalização da *griffe* (por exemplo, a Gap é uma *griffe* impessoal), como existem também marcas gerais atribuídas a pessoas e famílias concretas, que podem expor-se mais ou menos pessoalmente no contexto do ato comunicativo. Mas, em termos gerais, a contraposição é bastante clara: todos os bens de consumo de todos as categorias, da agroalimentar à mecânica, tendem a ser atribuídos a marcas impessoais, à exceção do vestuário, em que a *griffe* está centrada numa pessoa física. A *griffe* é apresentada como uma espécie de assinatura que uma *pessoa* qualificada apõe a um produto, como um certificado de pertença, mais que de garantia – embora se trate, naturalmente, de um ponto de vista completamente irrealista. Voltaremos de seguida a esta diferença.

É interessante notar que o que está em causa não é um problema de «relação pessoal», seguramente inexistente nas lojas Armani espalhadas pelo mundo, nem de um problema de «segurança», como poderia supor-se. De facto, se é verdade que há uma necessidade de segurança que se exprime no vestuário, tal necessidade deveria ser preferencialmente influente em setores ligados à saúde, como o dos produtos medicinais e para-medicinais ou alimentares, onde a impessoalidade da marca tradicional se mantém inalterável.

Um segundo motivo de oposição, mais profundo e estrutural, diz respeito ao sistema de organização dos objetos. Enquanto a marca tradicional cobre um número limitado de produtos diferentes, umas dezenas no máximo (já contando com as variantes), que são propostos como tipos relativamente estáveis, eventualmente submetidos a uma lentíssima alteração e, teoricamente, sempre disponíveis para qualquer cliente, os objetos da *griffe* são concebidos para coleções extremamente mutáveis, são consideravelmente mais variáveis e numerosos, alteram-se de forma a estarem disponíveis só para a duração limitada de uma estação, não devem ser feitos em séries muito grandes, uma vez que, ao passo que não incomoda ninguém ter um carro idêntico ao de outra pessoa, já usar um fato igual é considerado vergonhoso. Em suma, a *griffe* não pode, pela sua estrutura, corresponder de maneira mecânica e imediata à *função de identificação* de que falam Kapferer e Thoenig (1991), ou, pelo menos, não no sentido de garantir uma homogeneidade formal dos produtos. A variedade, aliás, constitui parte das premissas essenciais do vestuário de classe. O que não impede, de forma alguma, que a *griffe deva ser identificável*, tanto pelo cliente como por qualquer eventual interlocutor. Este é ponto central da questão. Reconhecimento, na verdade, significa estilo, e o caráter pessoal do estilo é uma das razões pelas quais a *griffe* deve ser atribuída a uma pessoa física (a um estilista, a um costureiro).

A principal função da *griffe* é, então, a de *garante da continuidade de um estilo* mesmo que na permanente variação dos produtos, o que significa, também, a garantia da *continuidade de um valor*. Podemos aqui verificar a existência de uma importante oposição no âmbito da comunicação do vestuário. Nas estratégias de construção da mensagem objectual, características do setor do vestuário, temos, por um lado, um princípio de *variação*, que encontra expressão no próprio nome de *moda*; por outro, temos um princípio de continuidade, que usualmente designamos pelo termo igualmente relevante e fundacional de *estilo*. Os dois princípios ganham diferente força consoante os momentos, consoante os diferentes impactos socioeconómicos do vestuário; mas é claro que a sua convivência é sempre conflituosa. O ponto de interseção entre estes dois princípios é característico da criatividade do setor, e foi ocupado no nosso tempo pela *griffe*.

O fulcro da questão está em que o mundo do vestuário funciona, na nossa sociedade, segundo um princípio de obsolescência estética, de mudança, de contínua renovação – pelo menos no que respeita àquele setor de valor estético e comercial mais elevado que designamos por moda. Daí que a necessidade de dar coerência a este fluxo seja mais importante neste campo mercadológico que em muitos outros. Neste contexto surge-nos a figura do estilista, incumbido de manter a referida coerência através de uma figura específica, que não se pode atribuir a uma marca impessoal: o *gosto*. O estilista (como noutros tempos o cliente exemplar, o Lord Brummel) não se limita a ter *bom gosto*, isto é, a conhecer exatamente a gramática do vestuário (ou a gramática estética, em termos mais gerais) da sociedade a que pertence, de modo a ser uma autoridade no setor. Ele tem o *seu gosto próprio*, aquele princípio de coerência que tem a ver com a continuidade de um caráter, e que garante uma continuidade na variação, também para aqueles, como no caso de um consumidor final não particularmente decidido, a quem esta capacidade falta. A ligação entre gosto e *griffe* é muito forte, como nos confirmam os poucos lugares em que dispositivos de comunicação análogos funcionam na nossa cultura: o setor da restauração, por exemplo, o dos vinhos de qualidade, certos setores semiartísticos como o design, a arquitetura, etc.

Se voltarmos, então, ao esquema comunicativo da marca, não deveremos alterar de forma substancial a sua estrutura para obtermos uma imagem adequada da *griffe*. Ser-nos-á suficiente ter em conta que já não se trata de uma mensagem do objeto única (talvez indefinidamente repetida, como no caso da Coca-Cola) ou de uma pequena classe fechada de tais mensagens (caso dos automóveis e dos alimentos de marca), mas de uma classe aberta de mensagens do mesmo género, unificadas pela presença do emissor delegado. E será necessário ver neste emissor, representado no interior da mensagem, uma imagem iminentemente antropomorfa, um agente, digamos, que cria no interior da mensagem do objeto e dos seus ciclos de transformação.

Como anteriormente o sugerimos, neste contexto de comunicação a *griffe* funciona como uma espécie de assinatura que autentica o objeto, associando-o ao valor de determinada pessoa.

SUJEITOS PUBLICITÁRIOS

Eis-nos perante um aspeto do maior interesse: a utilização que o consumidor faz da *griffe*. Na verdade, se não existisse um interesse ou mesmo um pedido do cliente, o princípio da *griffe* tenderia rapidamente a dissolver-se, materializando-se, numa variante menor do dispositivo geral da marca. Também neste caso, e segundo um princípio metodológico comum às comunicações de massa contemporâneas, a questão mais pertinente a colocar-se é, não tanto o que faz a *griffe* aos seus clientes, mas o que fazem estes dela.

Tal aspeto revela-nos igualmente uma sensível diferença entre o reino da marca e o da *griffe*. A marca aplica-se a produtos que tendem a ter, no todo ou em parte, um valor de consumo superior ao valor comunicativo. É certo que à maioria dos bens de consumo estão inerentes também valores de *status symbol* e de identidade que têm grande influência nas escolhas e aquisições do consumidor. Mas o regime da *griffe* instaura-se num âmbito – o do vestuário – em que o valor comunicativo ou expressivo do objeto é essencial, principalmente para os setores de maior prestígio que estão inseridos na moda propriamente dita. Para concluir, pode dizer-se que, em relação à função utilitária do vestuário (de cobertura, proteção, isolamento térmico, etc.), a *griffe* pouco informa os seus clientes. Mas torna-se essencial quando se passa para o plano do uso simbólico, da autorepresentação, da afirmação do estatuto, do estilo de vida, da identidade, que é característico do mundo da moda.

Acontece aqui uma coisa interessante: a *griffe*, que a um primeiro nível de utilização, análogo ao da marca, é o instrumento de garantia que o produtor (emissor empírico) oferece ao consumidor, torna-se, para este último, um meio de comunicação posterior, com a qual por sua vez fornece garantias acerca de si e de quem o circunda. Esta troca de papéis pela qual a roupa, objeto da troca económica realizada entre produtor e cliente, se torna instrumento de comunicação entre o cliente e o seu mundo, é a característica mais peculiar do setor do vestuário, mais ainda do que os fenómenos de moda: divisas, uniformes, insígnias profissionais, manipulações várias do corpo e seus acessórios, entre outras coisas, têm, desde sempre, esta utilidade social, que vamos também encontrar noutras classes de bens (meios de transporte, habitação, etc.), mas não com a mesma importância e caráter universal.

Pelas razões acima apontadas, a *griffe* não pode identificar-se simplesmente com uma assinatura: há necessidade de uma coerência estilística que sustente a assinatura e a torne plausível. Do ponto de vista semiótico, um estilo pode considerar-se uma espécie de gramática ou – o que é o mesmo – um mecanismo gerador que idealmente produz os textos daquele estilo: no nosso caso, certas roupas e não outras. O estilista, como pessoa física, se existe, ou o grupo de projeto responsável por determinada *griffe*, consegue construir a sua coerência estruturando de maneira mais ou menos consciente este sistema de regras e, por isso, em certo sentido, afastando-se do próprio objeto criativo. Esta operação de objetivação, de afastamento do produtor por parte do próprio produto comunicativo, pode ser puramente ideal, mas do ponto de vista semiótico é o primeiro passo para a realização daquele sujeito segundo, já de natureza comunicativa, que está implícito, como vimos, na mensagem objectual.

É necessário supor que esta gramática, este dispositivo gerador, individualiza certos valores em detrimento de outros, privilegia designadamente a elegância ao *sex appeal*, ou a linearidade à decoração, o equilíbrio ao impacto. Estes valores característicos de certa postura estilística são geralmente complexos, dinâmicos e relativos a determinada base antropológica, a um modo socialmente pré-existente de conceber os papéis sexuais, a noção de bem vestir, a hierarquia das circunstâncias que dão pertinência ao uso de uma ou outra roupa. Mas são simultaneamente específicos, ao tomar em consideração certas hipóteses sobre a idade e o estatuto socioeconómico do público-alvo escolhido, ou ao serem destinados a uma utilização desportiva e não elegante, por exemplo. Estes valores devem ser imediatamente traduzidos para uma linguagem plástica, devem, por outras palavras, concretizar-se na escolha de linhas, cores, tecidos etc. Aquilo a que inicialmente chamámos gosto do estilista – e que, neste domínio, consiste na capacidade de escolher determinadas fórmulas em lugar de outras –, exerce-se nesta altura, devendo ser entendido como a capacidade de tornar figurativos os valores fundamentais. Porém, é só nesta altura que, uma vez formulada a linha nos seus termos fundamentais, a *griffe* do estilista se assume como sua expressão conclusiva, muitas vezes retomando de forma isotópica os

SUJEITOS PUBLICITÁRIOS 125

mesmos elementos plásticos e semânticos inerentes ao produto. No caso de *griffes* artificiais, o nome pode ser escolhido em relação ao produto, o mesmo se passando com as características acessórias que definem o bem em termos de comunicação, como a embalagem, o *lettering* da etiqueta, a eventual marca gráfica, o design dos pontos de venda, a publicidade.

Tudo o que até agora dissemos sobre a *griffe* nos faz compreender que, longe de ser um modelo negativo de «não publicidade», como alguns observadores sustentam, a insólita publicidade da moda (à qual falta carga argumentativa e grande parte dos elementos formais contidos nos anúncios comuns, como o *bodycopy* ou o *claim*, já que toda a atenção está focada na atmosfera e na sedução) se encontra na vanguarda de uma tendência em que estão implicados outros setores mercadológicos para além do vestuário e dos que lhe são tradicionalmente próximos, como a perfumaria. Neste momento, até as bebidas alcoólicas, as marcas desportivas e inclusive os automóveis, são frequentemente publicitados como se fossem *griffes*, dotados de um gosto, de uma personalidade, de uma identidade individual que o consumidor deve aderir, assimilar, pelo qual deve finalmente deixar-se seduzir.

4. Publicidade social

Não poderíamos concluir o discurso sobre os sujeitos publicitários sem referir o tema da publicidade social. Trata-se de uma extensão da própria ideia de publicidade que, nos nossos dias, é muitíssimo comum em todos os países, e que dá lugar a festivais, congressos, associações, leis que a promovem e a garantem. Esta publicidade consiste, essencialmente, no uso das formas já consolidadas da comunicação publicitária (os *spots*, os *outdoors*, os anúncios de imprensa, etc.), explicitamente apresentadas como tais, para veicular conteúdos substancialmente diferentes da valorização do consumo (tema geral da publicidade comercial). Trata-se, no geral, de publicitar comportamentos considerados socialmente úteis, ou de desencorajar outros tidos como prejudiciais. Verifica-se sempre a valorização de um objeto relevante para o leitor ao qual é atribuído o papel de sujeito. Este tipo de comunicação é emitida por diferentes entidades, como marcas e empresas (raramente), mais comummente associações de anunciantes e de meios de comunicação, associações sem fins lucrativos e de voluntariado, entidades públicas, partidos e movimentos políticos. Salvo este último caso, o emissor empírico só raramente é representado na mensagem, que normalmente segue uma estratégia objectivadora (embora eventualmente irónica e metafórica). A dimensão enunciativa está pouco presente no texto, apesar de a assinatura do emissor ser importante pelas razões que havemos de considerar.

Pondo de parte a questão da publicidade dos partidos e movimentos congéneres, que inevitavelmente remete para as complicadas regras da comunicação política – mesmo quando assumem uma forma publicitária –, é necessário distinguir entre *comunicação social* (na ausência de melhor classificação, *só* denominaremos assim a comunicação das empresas, isoladas ou em associação), *comunicação pública* (a do Estado e de algumas entidades oficiais) e *comunicação autogerida* (a das associações de voluntariado). Este último é o caso mais simples, pelo menos do ponto de vista da análise da comunicação, uma vez que o seu objetivo explícito é o de atrair a atenção sobre a atividade de quem a produz e, sobretudo, de dar a compreender a importância dos problemas com que se debate, quer se trate de cancro ou de distrofia muscular, da fome no mundo ou de centros de acolhimento. Em vez de uma compra, o que se pede é uma tomada de consciência sobre a questão focada, um comportamento (ao nível do tratamento, da sensibilização) e, não raro, um contributo económico (daí a importância dada à presença manifesta do nome da associação). A forma publicitária é, afinal de contas, superficial, serve sobretudo de apoio a um código conhecido.

Por seu lado, a *publicidade social* – referimo-nos à publicidade das empresas e suas associações – é algo diferente. A forma publicitária é-lhe intrínseca, porque o objetivo que vai propondo não é, na realidade, o elemento mais importante; este pode mudar frequentemente. Normalmente, trata-se de temas pouco controversos, talvez quase insignificantes ou tautológicos, de que é exemplo uma campanha realizada há uns anos que convidava os espectadores a «melho-

SUJEITOS PUBLICITÁRIOS 127

rar-se» ou, se quisermos, a desempenhar alguma atividade em benefício do próximo. A questão que se coloca é a de que estas campanhas servem, na realidade, para promover quem as leva a cabo: algumas vezes, a própria empresa, que acaba por adquirir uma conotação moral por se ocupar de certo problema, ou exaltar o seu mérito exibindo uma ação *missionária* em dado campo social; no caso, mais frequente, das associações, aquilo que é promovido é nada mais do que a publicidade em si. Para compreender este aspeto, é necessário partir do princípio de que – como aliás já vimos – a publicidade representa para quem a recebe um custo em termos de tempo, de atenção, de intrusão na intimidade; o seu valor social e a legitimidade dos seus discursos têm sempre uma aparência dúbia, pela sua óbvia natureza de persuasão mercenária. Estas resistências podem ser mais ou menos explícitas e conscientes, mas têm, seguramente, uma influência negativa sobre o papel social da publicidade e sobre a sua credibilidade. A publicidade social representa, a tal propósito, um contra-ataque típico, cuja função é revelar a capacidade que o discurso publicitário tem de tomar a seu cargo exigências coletivas, dando prova, deste modo, de boa vontade e sentido de responsabilidade, mas, sobretudo, legitimando a forma, sempre oblíqua e persuasiva, do discurso publicitário em si mesmo. Como vemos, se não com o pretexto, pelo menos com a ocasião de abordar temas sociais (sempre muito genéricos e partilháveis por todos), a publicidade social acaba sempre por fazer publicidade à publicidade.

Diferentes considerações merece a atividade pública de comunicação que se desenvolve sob a forma de publicidade. O facto de o Estado recorrer à forma publicitária – e não às escolas ou outros instrumentos comuns de comunicação – para desencorajar o consumo de droga ou a condução em estado de embriaguez, deveria ser alvo de reflexão. Trata-se de uma questão que vale a pena abordar em termos até mais abrangentes. Do ponto de vista da comunicação, qualquer organismo da administração pública nos surge como um *terminal de interface duplo:*

– por um lado, a administração *recebe* informação do seu ambiente (entidades públicas de vários níveis, legislação, vontade política dos órgãos eletivos, solicitações e pedidos do público, etc.);

– por outro lado, a administração *distribui* informações de vários tipos (decisões, comunicados, atos administrativos, pareceres etc.).

Este duplo fluxo de informação abrange muitas vezes os mesmos utentes (ou melhor, os mesmo cidadãos), compondo *loops* ou anéis circulares de comunicação. No meio dos dois *interfaces* encontra-se a *competência administrativa* propriamente dita: o conjunto de conhecimentos e de informações de que a administração dispõe, os seus sistemas de elaboração, as práticas diversamente reguladas que conduzem às decisões. Também a este nível os *inputs* são normalmente elaborados de modo a produzir *outputs* correspondentes, fechando assim, mais cedo ou mais tarde, o círculo comunicativo. Como vemos, a administração pode ser considerada como um ponto-chave da rede de comunicação geral que veicula a atividade económica e cívica dos cidadãos.

Segundo uma tradicional teoria do governo, mais praticada, aliás, que teorizada, a atividade administrativa revela muito frequentemente as características da *decisão*, o mesmo é dizer, na terminologia que vimos utilizando, que o ponto de articulação comunicativa constituída pela administração seria, por princípio, *opaco* e imprevisível no seu funcionamento, correspondendo a lógicas não explícitas e até não compreensíveis ao cidadão, mas só eventualmente coerentes com um «interesse político» não mais bem definido. O projeto que se liga a esta teoria e, sobretudo, a esta prática, é o de uma administração autónoma, com responsabilidades exclusivamente internas: uma administração mais ou menos soberana, que fornece serviços, decisões e informações segundo visões gerais que não respondem às aspirações dos cidadãos em si. No entanto, este tradicional estado de coisas dificilmente se concilia com os princípios de um governo democrático, dando inevitavelmente lugar a suspeitas de escassa eficiência, se não pior.

Uma das grandes tendências da organização dos Estados democráticos é, justamente, a de transformar a administração, de orga-

SUJEITOS PUBLICITÁRIOS 129

nismo de decisão autónoma em *ponto de articulação transparente e previsível* de tratamento de informações. As novas tecnologias, que permitiram um muito mais vasto e detalhado acesso público à informação (e, daí, também à informação que se encontra na posse da administração pública, que é de sua *competência*) deram um enorme contributo a este processo. Muitos procedimentos administrativos que, no passado, eram vistos como decisões mais ou menos arbitrárias da administração, são hoje, pela lei, públicos em todas as suas fases, e isto graças às possibilidades oferecidas pelas novas tecnologias. Os concursos públicos são apenas um exemplo disso.

Mas foi sobretudo a sensibilidade dos cidadãos em relação a estes problemas que profundamente se alterou. A transparência tornou-se uma exigência fundamental ao nível dos processos de decisão, do tratamento da informação e, principalmente, de toda a atividade levada a cabo pela administração. Nos nossos dias, é cada vez mais inaceitável qualquer procedimento que não decorra da maneira mais pública e transparente possível.

Estas transformações não representam apenas o aspeto *negativo* (ligado à garantia) da relação entre administração pública e cidadãos. A questão não é somente a de verificar a equidade e a retidão dos procedimentos administrativos. A exigência de transparência tem, acima de tudo, um valor *positivo*. O cidadão perante a administração pública, como o utente perante as empresas e o consumidor perante as marcas, assume o estatuto de titular de direitos, o primeiro dos quais consiste em ser informado de forma correta, atempada e completa sobre os assuntos que lhe dizem respeito ou que legitimamente lhe interessam.

Aquilo que o *marketing* define como *componente de serviço* (em oposição à componente de produto) tem um valor cada vez mais importante tanto nas relações administrativas como nas económicas. É nela que o utente (ou consumidor ou, no nosso caso, cidadão) costuma reconhecer a maior diferença entre os vários organismos concorrentes. É preciso acrescentar que o aspeto comunicativo constitui o *ingrediente essencial*, por vezes único, de toda a definição de serviço. *O serviço é quase sempre comunicação*. O pedido generali-

130 SEMIÓTICA DA PUBLICIDADE

zado de um serviço eficiente (seja nas empresas, seja na administração) reduz-se, as mais das vezes, à exigência de uma *boa comunicação*. Importa precisar que, neste contexto, a comunicação é considerada boa não tanto por fornecer as informações que a entidade emissora (empresa, administração, etc.) está interessada em transmitir acerca de si própria (segundo o modelo clássico da publicidade e da propaganda); nem por transmitir somente as informações que considera útil fazer circular (segundo um modelo pedagógico que por muito tempo dominou a informação pública, desde os horários dos meios públicos às campanhas de «publicidade social» sobre temas sensíveis).

É considerada boa aquela comunicação que o utente facilmente consegue adaptar às suas exigências e interesses. Uma agência e, em particular, uma administração pública, comunica bem se consegue *dar resposta* ao interesse social que pretende servir, no sentido mais literal do termo. A *responsabilidade pública*, neste caso, coincide exatamente com a capacidade de *receber solicitações* e de lhes *dar resposta*.

Para concluir, podemos afirmar que a publicidade pública só tem razão de ser quando não se confunde com a propaganda unilateral ou a pedagogia autoritária, quando se torna um estímulo para a circulação de informação entre cidadão e poder público, quando corresponde, em sentido lato, a um serviço. Mas quando a publicidade é utilizada pelo poder para exibir aos eleitores as suas próprias realizações, estamos então perante uma forma patológica e incorreta de comunicação política.

CONCLUSÕES

Os perigos da «hipersedução»

Nos nossos dias, a publicidade parece ter chegado a uma fase crítica de desenvolvimento. Tendo-se firmado no plano profissional desde há cerca de um século, foi gradualmente conquistando uma posição dominante no sistema planetário que a comunicação representa. O seu desenvolvimento deve-se à forma e centralidade assumidas pelo sistema de consumo, baseado nos produtos e na difusão em massa. O circuito dos *media*, como hoje o concebemos, não seria também concebível sem o contributo, não apenas económico, da comunicação publicitária. No entanto, o sistema publicitário afigura-se-nos precário, assediado, do exterior, por inimigos políticos e religiosos, ao mesmo tempo que internamente comprometido, com dificuldades em suportar as descomunais tarefas que lhe foram confiadas. Este livro procurou mostrar a complexidade da sua máquina comunicativa (não da produtiva e ideativa, e da sua filiação ao *marketing*, que são coisas totalmente diferentes). Vale, pois, a pena debruçarmo-nos sucintamente sobre esta situação de crise, partindo sempre de um ponto de vista semiótico.

Os seres humanos são animais simbólicos, vivem, portanto, e necessariamente, no interior de um espaço semântico. Na terminologia semiótica, a este ambiente simbólico chamamos *semiosfera* (Lotman, 1994; Volli, 1988), embora o mesmo possa ser descrito de diversos outros modos: o mundo da comunicação, das ideias, das persuasões, das práticas comunicativas em que trabalhamos, em que vivemos, em que realizamos as experiências da nossa vida. O conceito de semiosfera é bastante interessante, quanto mais não seja por fazer uma alusão, terminológica pelo menos, à ideia de biosfera, em que necessariamente vivemos: o nosso ambiente biológico que, como todos os objetos biológicos, corre riscos, tem uma ecologia frágil e complexa. O mesmo as aplica à biosfera, igualmente frágil e delicada, carente de cuidados e de uma *atitude ecológica*.

Mas vale a pena pensar que a semiosfera é, antes de mais, *um texto*, uma espécie de «texto geral», de conjunto de todas as textualidades, de todas as comunicações que se depositam e se produzem na sociedade. Tais comunicações, poderíamos avançar, falam através de nós mais que qualquer sujeito é capaz de o fazer por intermédio delas. A publicidade é, claramente, uma importante componente deste texto geral, sendo a outra constituída pelos *media*.

É difícil negar que a semiosfera atravesse uma crise estrutural: mais concretamente, uma crise do modelo segundo o qual a nossa semiosfera se foi desenvolvendo ao longo das últimas décadas. É lícito pensar tratar-se de uma crise de carácter inflacionário. Em termos um tanto simplistas, podemos definir a inflação económica como uma condição de instabilidade que consiste na circulação de uma quantidade de moeda desproporcional à quantidade de bens disponíveis. Podemos também aventar a hipótese segundo a qual a inflação comunicativa da semiosfera se deve ao facto de uma sociedade emitir uma quantidade de mensagens (e de axiologias, no seu interior) incompatível com a quantidade de valor semiótico nela produzido. Por valor semiótico entendemos, como vimos no capítulo II, a capacidade de um sistema comunicativo instituir diferenças e as oposições que delas resultam. Assim, nos períodos de inflação semiótica, instaura-se muitas vezes o hábito de usar as mensagens e respetivas axiologias para substituir os valores semióticos (ou mesmo os técnicos e económicos) ou para os simular. É provavelmente este tipo de inflação semiótica, penosamente sustentada pelo «curso forçado» das axiologias publicitárias, que neste momento vivemos.

Esta crise inflacionária diz respeito, mais especificamente, a um modelo de discurso no qual a sociedade ocidental esteve imersa

CONCLUSÕES 133

durante as últimas décadas, e a que poderíamos denominar *hipersedução*. Na nossa sociedade, em particular, a publicidade e os *media* têm sido efetivamente «hipersedutores». O mesmo é dizer que neles se desenvolveram quase em exclusivo discursos axiológicos cuja pertinência e utilidade consiste, essencialmente, no incitamento à ação (sobretudo no plano económico, mas também no plano político, associativo, erótico, desportivo). Em consequência, a produção social dos textos e discursos concentrou-se em formas de comunicação não orientadas para conteúdos (como a informação, narração pura ou mesmo divertimento), mas principalmente para a capacidade de solicitar comportamentos e ações por parte dos destinatários. A «hipersedução» é uma comunicação acima de tudo conativa e manipuladora. Em termos gerais, esta evolução comportou uma crescente focalização nos destinatários em detrimento dos conteúdos. Mais do que falar de histórias, de notícias, ou mesmo de produtos, a publicidade e os *media* começaram a falar aos leitores acerca de si próprios, adulando-os de acordo com as modalidades específicas do circuito de sedução, a fim de os *incitar* a uma qualquer ação (fazer compras ou fazer ginástica, apreciar a *nouvelle cuisine* ou a aeróbica, mas sobretudo, consumir e votar).

Numa perspetiva estritamente publicitária, esta passagem coincidiu com a afirmação da ideia (na qual os estudos teóricos tiveram também alguma responsabilidade) de que o importante é sensibilizar o consumidor para o «mundo das marcas». Dado que as marcas possuem a natureza ficcional simples e valorizada própria dos contos infantis, o que parecia contar nas campanhas publicitárias era, precisamente, um universo narrativo o mais débil e frágil possível, «de conto infantil», mas construído de modo a induzir o consumidor a deixar-se assimilar por ele. Tudo o resto (a informação sobre o produto, por exemplo), pouca importância tinha, eram antiqualhas materialistas incompatíveis com a «condição pós-moderna» inerente à desmaterialização e à fraqueza da identidade. Numa palavra, tratava-se de cultivar um imaginário o mais afastado possível da realidade. No decurso deste livro, analisámos precisamente os casos técnicos de tais operações.

De tudo isto resultou, porém, a promoção de uma conceção de homem (uma autêntica pedagogia social) que não só o identifica com a figura do consumidor, como reduz este último à criança disposta a aceitar como motivo de compra histórias e argumentos infantis e pouco pertinentes; resultou, ainda, um projeto de comunicação essencialmente focalizado na garantia da tranquilidade do destinatário, como uma espécie de psicoterapia em comprimidos.

No plano do discurso jornalístico, a «hipersedução» realizou-se mediante uma forte pressão exercida sobre todos os *media* no sentido da abolição da barreira – desde sempre frágil e pouco realista, mas que até certo ponto agiu, pelo menos, ao nível da ideologia da informação – que deveria separar a informação da persuasão e do divertimento puro. Nestes últimos anos, generalizaram-se, por sua vez, as práticas de *infotainment*, assim como toda aquela função de «orientação» comportamental – primeiro nas revistas mensais especializadas, depois nos semanários, e doravante, de forma cada vez mais alargada, na imprensa diária – a que a informação visa corresponder, pelo que o texto geral, inclusive o dos *media*, que se define informativo, adquiriu matizes predominantemente persuasivas, não necessariamente no plano político mas, muitas vezes, simplesmente no plano do produto e dos comportamentos: o que está na moda, onde ir de férias, quais os símbolos de *status*, onde fazer compras e, naturalmente, em quem votar.

Como vemos, a informação deixou-se assimilar pela publicidade, começando a prosseguir os mesmos objetivos promocionais, talvez de forma mais explícita, mais direta, e usando, consequentemente, instrumentos semelhantes. Saber até que ponto esta mudança de autodefinição foi determinada por motivos económicos, ou seja, até que ponto os *media* tenham simplesmente mudado de tarefas, prescindindo da mediação da agência, é uma curiosidade legítima, mas pouco pertinente nesta sede. O facto é que tudo isto prejudicou grandemente tanto o jornalismo como a publicidade, quanto mais não seja porque quando as páginas dos jornais são iguais aos anúncios falta o contraste figura/fundo; quando os jornais utilizam boa parte do seu espaço para explicar como é belo e salutar consumir determinadas músicas e alimentos ou fazer turismo em certas localidades, é óbvio que o discurso publicitário fica descontextualizado e cada vez mais débil. O jornalismo, por definição, parece-nos algo

CONCLUSÕES 135

mais credível, e se se transforma em instrumento publicitário fica até mais económico.

Um poderoso fator de inflação económica deriva justamente disto: não apenas a publicidade invadiu o sistema dos *media* como todos os *media* passaram a fazer publicidade. O sistema das mercadorias encontrou infinitos corifeus que, muitas vezes, não souberam ou quiseram ajudar nem aperceber-se da racionalidade intrínseca do comportamento do consumo, ignorando sistematicamente que os sujeitos económicos estão vinculados às suas disponibilidades financeiras (mas também de tempo e atenção), e incitando-os a uma infindável corrida à aquisição de novidades todas iguais e todas igualmente inúteis, fugindo insistentemente à incumbência de uma *informação crítica* sobre os produtos e movimentos económicos. O que originou uma crise de falta de confiança generalizada no consumo, no investimento financeiro, na informação.

Na verdade, este modelo, em que divertimento, discurso persuasivo e informações se sobrepõem e confundem, até certa altura funcionou com sucesso. No entanto, comporta graves e pesados custos. Por um lado, e como já vimos, a nossa esfera pública e mental é privatizada e usufruída como um recurso de *marketing*, de modo inflacionista (tendo a inflação como consequência direta a diminuição do valor daquilo que é inflacionado). Por outro lado, esta inflação de mensagens – que são colocadas maioritariamente no plano do imaginário, que renunciaram à prova da realidade, que mediram a sua eficácia com base numa estética e ética da sedução – provocou uma série de reações reais, de sentimentos e ressentimentos, uma espécie de resistência, de aborrecimento, de recusa (citando apenas o livro de culto de tais resistências, cfr. Klein, 2001).

Deve ser igualmente assinalada uma outra consequência da «hipersedução», derivada da escolha de colocar em segundo plano o valor material dos produtos, ocultando-o por detrás de imagens do próprio consumidor. Se o preço não é importante, então por que pagar? Se eu e o meu prazer somos os protagonistas, porquê deixar-me frustrar por imposições comerciais? Os produtos que são alvo de «hipersedução» correm o risco de redundar em consumos inúteis, e isto tanto para o consumidor como para as empresas, na medida em

136 SEMIÓTICA DA PUBLICIDADE

que não existe desejo algum capaz de os motivar de forma determinante. Esta questão não diz apenas respeito à internet, em que se revela de modo evidente, mas a um modelo geral de inflação comunicativa (com a difundida ilusão do país da cocanha), onde o que interessa, oficialmente, é a emoção, a psique do consumidor; quanto aos preços, por mais razoáveis que possam ser, são escondidos e extorquidos de maneira mais ou menos sub-reptícia.

Há quem defenda que as marcas são aquilo que hoje em dia substitui religiões e ideologias, numa palavra, o conjunto dos fins e dos valores da Humanidade. Mas será que os nossos valores são as histórias que as marcas contam? As histórias contam-se às crianças, pelo que, identificá-las com a publicidade significa implicitamente atribuir aos adultos (a todos nós, afinal) um estatuto de infantilidade. E se a informação colaborar no mesmo jogo, então veremos toda a esfera pública transformar-se num fabuloso país dos brinquedos. É preciso admitir que o mundo das marcas, por muito que construído de maneira refinada, é necessariamente de uma elementaridade extrema, deve agradar a toda a gente, não pode ser inquietante ou problemático, nem conter conflitos ou afirmações verdadeiramente relevantes. É um mundo de decoração e não de arquitetura, se nos é permitida a metáfora.

Há quem diga que a nossa sociedade, com o advento da pós-modernidade, perdeu as grandes narrativas, substituindo-as por narrativas leves como as que são construídas em torno das marcas. Daí que as marcas sejam hoje a essência do Ocidente, como antes o foram as religiões e as ideologias. A teoria, por muito elegante que seja, encerra enormes perigos, desde logo porque se a nossa cultura fosse tão-somente a cultura da narração publicitária, se a publicidade não constituísse, afinal de contas, uma parte menor da sociedade, estaríamos perante uma dramática crise de inflação da ligeireza.

Em suma, sem qualquer pretensão de realizar uma análise exaustiva das tendências sociais em curso, podemos afirmar que é justamente a potencialidade mediática da máquina publicitária, a sua capacidade de confundir realidade, sonhos e desejos, o seu arrogante distanciamento dos valores de uso, a sua pretensão de *criar* mundos e torná-los obrigatórios para os «consumidores», que constitui o maior perigo da publicidade. Não só para a sociedade como para a sua própria sobrevivência.

BIBLIOGRAFIA

ABRUZZESE, A. Colombo, F. (org. de)
   1994   *Dizionario della pubblicità. Storia, tecniche, personagens*, Zanichelli, Bolonha.
ARENDT, H.
   1964   *Vita ativa*, Bompiani, Milão.
AUSTIN, J.L.
   1974   *Quando dire è fare*, Marietti, Génova.
BARTHES, R.
   1962   *Miti d'oggi*, Lerici, Milão (nova ed. Einaudi, Turim 1974).
   1966   *Elemento di semiologia*, Einaudi, Turim [*Elementos de Semiologia*, Lisboa, Edições 70, 1989].
   1972   *La retorica antica*, Bompiani, Milão.
   1979   *Lo scambio simbolico e la morte*, Feltrinelli, Milão.
   1980   *Simulacro e impostura*, Capelli, Bolonha.
   1987   *Il sogno della merce*, Lupetti, Bolonha.
BEAUFRE, A.
   1966   *Introduzione alla strategia*, il Mulino, Bolonha.
BETTETINI, G.
   1984   *La conversazione audiovisiva. Problemi dell'enunciazione filmica e televisiva*, Bompiani, Milão.
CALABRESE, O.
   1999   *Lezioni di semisimbolico*, Protagon, Siena.
CERIANI, G.
   2001   *Marketing Moving: l'approccio semiotico. Analizzare il mix do comunicazione, gestrine gli effetti di senso*, Franco Angeli, Milão.

138 SEMIÓTICA DA PUBLICIDADE

CLAUSEWITZ, C. von
1970 *Della guerra*, Mondadori, Milão.
CODELUPPI, V.
1996 *La società pubblicitaria. Consumo, mass media, ipermodernità*, Costa & Nolan, Génova.
1997 *La pubblicità. Guida alla lettura dei messaggi*, Franco Angeli, Milão.
2000 *Lo spettacolo della merce*, Bompiani, Milão.
2001 *Il potere della marca*, Bollati Boringhieri, Turim.
DOUGLAS, M.
1999 *Questioni di gusto. Stili di pensiero tra volgarità e raffinatezza*, Il Mulino, Bolonha.
ECO, U.
1979 *Lector in fabula*, Bompiani, Milão.
ELIOT, T.S.
1963 *Il bosco sacro*, Bompiani, Milão.
EUGENI, R.
1999 *L'analisi semiotica dell'immagine*, ISU-Università Cattolica, Milão.
EUGENI, R., Fumagalli, A. (org. de)
1999 *Semiottica della pubblicità. Metodi, teorie, storie*, ISU-Università Católica, Milão.
FABRIS, G.
1992 *La pubblicità, teorie e prassi*, Franco Angeli, Milão.
FALCINELLI, L.
1999 *Pubblicità paradiso. La company image del Gruppo Benetton*, Lupetti, Milão.
FERRARESI, M.
2002 *Pubblicità e comunicazione. Lettura sociosemiotica dele competenze, delle funzioni, dei ruoli*, Carocci, Roma.
FERRARO, G.
1999 *La pubblicità nell'era di Internet*, Meltemi, Roma.
FLOCH, J.-M.
1992 *Semiotica, marketing e comunicazione. Dietro i segni, le strategie*, Franco Angeli, Milão.
1997 *Identità visive. Construire l'identità a partire dai segni*, Franco Angeli, Milão.

BIBLIOGRAFIA

GOFFMAN, E.
1969   *La vita quotidiana come rappresentazione*, Il Mulino, Bolonha.
GRANDI, R. (org. de)
1995   *Semiotica al marketing. Le tendenze della ricerca nel marketing, nel consumo, nella pubblicità*, Franco Angeli, Milão.
GREIMAS, A.J.
1974   *Del senso*, Bompiani, Milão.
GREIMAS, A.J., COURTÉS, J.
1979   *Semiotica. Dizionario ragionato della teoria del linguaggio*, Casa Usher, Florença.
HABERMAS, J.
1994   *Semiotico. Dizionario ragionato della teoria del linguaggio*, Casa Usher, Florença.
1994   *Storia e critica dell'opinione pubblica*, Laterza, Roma-Bari.
JAKOBSON, R.
1966   *Saggi di linguistica generale*, Feltrinelli, Milão.
KAPFERER, J.-N., THOENIG, J.C.
1991   *La marca. Motore della competitività delle imprese e della crescita dell'economia*, Guerini e Associati, Milão.
KLEIN, N.
2001   *No logo. Economia globale e nuova contestazione*, Baldini e Castoldi, Milão.
LIVOLSI, M. (org. de)
1987   *E comprarono felici e contenti*, Il Sole 24 Ore, Milão.
LOMBARDI, M. (org. de)
1998   *Manuale di tecniche pubblicitarie. Il senso e il valore della pubblicità*, Franco Angeli, Milão.
LOTMAN, J.M.
1994   *La cultura e l'esplosione. Prevedibilità e impreveibilità*, Feltrinelli, Milão.
LUTTWAK, E.N.
2001   *Strategia. La logica della guerra e della pace*, Rizzoli, Milão, 2.ª ed.
MEYROWITZ, Y.
1993   *Oltre il senso del luogo. L'impatto dei media elettronici sul comportamento sociale*, Baskerville, Bolonha.
PACKARD, V.
1989   *I persuasori occulti*, Einaudi, Turim.

140   SEMIÓTICA DA PUBLICIDADE

Perniola, M.
1980   *La società dei simulacri.* Cappelli, Bolonha.
Pezzini, I, (org. de)
2002   *Trailer, spot, clip, siti, banner*, Meltemi, Roma.
Pittèri, D.
2002   *La pubblicità in Italia. Dal dopoguerra oggi*, Laterza, Roma--Bari.
Saussure, F. de
1967   *Corso di linguistica generale*, a cura di T. De Mauro, Laterza, Bari.
Séguéla, J.
1996   *La marca. Dal prodotto al mercato, dal mercato alla società*, Lupetti, Milão.
Semprini, A.
1993   *Marche e mondi possibili. Un approccio semiotico al marketing della marca*, Franco Angeli, Milão.
1996   *La marca. Da prodotto al mercato, dal mercato alla società*, Lupetti, Milão.
Semprini, A. (org. de)
1990   *Lo sguardo semiotico. Pubblicità, stampa, radio*, Franco Angeli, Milão.
Sinclair, J.
1991   *La società dell'immagine. La pubblicità come industria e ideologia*, Franco Angeli, Milão.
Volli, U.
1988   *Contro la moda*, Bompiani, Milano.
1998   *Fascino. Feticismo e altre idolatrie*, Feltrinelli, Milão.
2000   *Manuale di semiotica*, Laterza, Roma-Bari.
2002   *Figure del desiderio. Corpo, texto, mancanza*, Raffaello Cortina Editore, Milão.
Weber, M.
1965   *L'etica calvinista e lo spirito del capitalismo*, Sansoni, Florença.
Williams, J.
1978   *Decoding Advertisements: Ideology and Meaning in Advertising*, Boyards, Londres.

ÍNDICE

INTRODUÇÃO 7

CAPÍTULO I – PUBLICIDADE E COMUNICAÇÃO 13

CAPÍTULO II – O DISCURSO PUBLICITÁRIO 29

CAPÍTULO III – ESTRATÉGIAS PUBLICITÁRIAS 49

CAPÍTULO IV — TEXTOS PUBLICITÁRIOS 67
   1. Signo publicitário 73
   2. Imagens 80
   3. Enunciação 82
   4. Narrações 91

CAPÍTULO V – SUJEITOS PUBLICITÁRIOS 101
   1. Marca de fabrico e «marca-assinatura» 101
   2. Publicidade institucional 113
   3. *Griffe* 119
   4. Publicidade social 125

CONCLUSÕES 131
   Os perigos da «hipersedução» 131

BIBLIOGRAFIA 137

ARTE E COMUNICAÇÃO

1. *Design e Comunicação Visual*, Bruno Munari
2. *A Realização Cinematográfica*, Terence Marner
3. *Modos de Ver*, John Berger
4. *Projecto de Semiótica*, Emilio Garroni
5. *Arte e Técnica*, Lewis Mumford
6. *Novos Ritos, Novos Mitos*, Gillo Dorfles
7. *História da Arte e Movimentos Sociais*, Nicos Hadjinicolau
8. *Os Meios Audiovisuais*, Marcello Giacomantonio
9. *Para uma Crítica da Economia Política do Signo*, Jean Baudrillard
10. *A Comunicação Social*, Olivier Burgelin
11. *A Dimensão Estética*, Herbert Marcuse
12. *A Câmara Clara*, Roland Barthes
13. *A Definição da Arte*, Umberto Eco
14. *A Teoria Estética*, Theodor W. Adorno
15. *A Imagem da Cidade*, Kevin Lynch
16. *Das Coisas Nascem Coisas*, Bruno Munari
17. *Convite à Música*, Roland de Candé
18. *Educação Pela Arte*, Herbert Read
19. *Depois da Arquitectura Moderna*, Paolo Portoghesi
20. *Teorias Sobre a Cidade*, Marcella delle Donne
21. *Arte e Conhecimento*, Jacob Bronowski
22. *A Música*, Roland de Candé
23. *A Cidade e o Arquitecto*, Leonardo Benevolo
24. *História da Crítica de Arte*, Lionello Venturi
25. *A Ideia de Arquitectura*, Renato de Fusco
26. *Os Músicos*, Roland de Candé
27. *Teorias do Cinema*, Andrew Tudor
28. *O Último Capítulo da Arquitectura Moderna*, Leonardo Benevolo
29. *O Poder da Imagem*, René Huyghe
30. *A Arquitectura Moderna*, Gillo Dorfles
31. *Sentido e Destino da Arte I*, René Huyghe
32. *Sentido e Destino da Arte II*, René Huygue
33. *A Arte Abstracta*, Dora Vallier
34. *Ponto, Linha, Plano*, Wassily Kandinsky
35. *O Cinema Espectáculo*, Eduardo Geada
36. *Curso da Bauhaus*, Wassily Kandinsky
37. *Imagem, Visão e Imaginação*, Pierre Francastel
38. *A Vida das Formas*, Henri Focillon
39. *Elogio da Desarmonia*, Gillo Dorfles
40. *A Moda da Moda*, Gillo Dorfles
41. *O Impressionismo*, Pierre Francastel
42. *A Idade Neobarroca*, Omar Calabrese
43. *A Arte do Cinema*, Rudolf Arnheim
44. *Enfeitada de Sonhos*, Elizabeth Wilson
45. *A Coquetterie, ou a Paixão do Pormenor*, Catherine N'Diaye
46. *Uma Teoria da Paródia*, Linda Hutcheon
47. *Emotion Pictures*, Wim Wenders
48. *O Boxe*, Joyce Carol Oates
49. *Introdução ao Desenho Industrial*, Gillo Dorfles
50. *A Lógica das Imagens*, Wim Wenders
51. *O Novo Mundo das Imagens Electrónicas*, Guido e Teresa Aristarco
52. *O Poder do Centro*, Rudolf Arnheim
53. *Scorsese por Scorsese*, David Thompson e Ian Christie
54. *A Sociedade de Consumo*, Jean Baudrillard
55. *Introdução à Arquitectura*, Leonardo Benevolo
56. *A Arte Gótica*, Wilhelm Worringer
57. *A Perspectiva como Forma Simbólica*, Erwin Panofsky
58. *Do Belo Musical*, Eduard Hanslick
59. *A Palavra*, Georges Gusdorf
60. *Modos & Modas*, Gillo Dorfles
61. *A Troca Simbólica e a Morte – I*, Jean Baudrillard
62. *A Estética*, Denis Huisman
63. *A Troca Simbólica e a Morte – II*, Jean Baudrillard
64. *Como se lê uma Obra de Arte*, Omar Calabrese
65. *Ética do Construir*, Mário Botta
66. *Gramática da Criação*, Wassily Kandisnky
67. *O Futuro da Pintura*, Wassily Kandinsky

68. *Introdução à Análise da Imagem*, Martine Joly
69. *Design Industrial*, Tomas Maldonado
70. *O Museu Imaginário*, André Malraux
71. *A Alegoria do Património*, Françoise Choay
72. *A Fotografia*, Gabriel Bauret
73. *Os Filmes na Gaveta*, Antonioni
74. *A Antropologia da Arte*, Robert Layton
75. *Filosofia das Artes*, Gordon Graham
76. *História da Fotografia*, Pierre-Jean Amar
77. *Minima Moralia*, Theodor W. Adorno
78. *Uma Introdução à Estética*, Dabney Townsend
79. *História da Arte*, Xavier Barral I Altet
80. *A Imagem e a sua Interpretação*, Martine Joly
81. *Experiência e Criação Artística*, Theodor W. Adorno
82. *As Origens da Arquitectura*, L. Benevolo e B. Albrecht
83. *Artista e Designer*, Bruno Munari
84. *Semiótica da Publicidade*, Ugo Volli
85. *Vocabulário de Cinema*, Marie-Thérèse Journot
86. *As Origens da Pós-Modernidade*, Perry Anderson
87. *A Imagem e os Signos*, Martine Joly
88. *A Invenção da Moda*, Massimo Baldini

89. *Ver, Compreender e Analisar as Imagens*, Laurent Gervereau
90. *Fantasia*, Bruno Munari
91. *História da Linguagem*, Júlia Kristeva
92. *Breviário de Estética*, Benedetto Croce
93. *A Invenção da Paisagem*, Anne Cauquelin
94. *História do Teatro*, Cesare Molinari
95. *O Ecrã Global*, Gilles Lipovetsky e Jean Serroy
96. *As Questões do Património*, Françoise Choay
97. *Literacia Visual – Estudos Sobre a Inquietude das Imagens*, Isabel Capeloa Gil
98. *Património Cultural Imaterial. Convenção da Unesco e seus Contextos*, Clara Bertrand Cabral
99. *Homo Aestheticus – A Invenção do Gosto na Era Democrática*, Luc Ferry
100. *O Culto Moderno dos Monumentos*, Alois Riegl
101. *O Cinema Português através dos seus Filmes*, Carolin Overhoff Ferreira (org.)
102. *Manoel de Oliveira. Análise Estética de uma Matriz Cinematográfica*, Nelson Araújo (org.)
103. *A Forma na Arquitetura*, Óscar Niemeyer